D0875789

La Cantatrice chauve

La Leçon

EUGÈNE IONESCO

La Cantatrice chauve

La Leçon

EDITED BY

LILLIAN BULWA TAMAR MARCH

HOLT, RINEHART AND WINSTON

New York   San Francisco   Toronto   London

Permission is gratefully acknowledged to Éditions Gallimard, Paris, for the right to reprint *La Leçon* and *La Cantatrice chauve* by Eugène Ionesco, copyright © 1954.

Library of Congress Cataloging in Publication Data

Ionesco, Eugène.
La Cantatrice chauve; La Leçon.

Bibliography: p.
  I. Ionesco, Eugène. La Leçon. 1975.
 II. Bulwa, Lillian, ed.
III. March, Tamar, ed.
IV. Title: La Cantatrice chauve.
PQ2617. 06C3 1975   448'.6'421   74-20585
        ISBN 0-03-013396-3

Foreign Language Department
5643 Paradise Drive
Corte Madera, California 94925

PRINTED IN THE UNITED STATES OF AMERICA

5 6 7 8 9 090 9 8 7 6 5 4 3 2 1

Table des matières

Avant-propos

La Cantatrice chauve and *La Leçon*, two of the most popular of Ionesco's works for the theater, have proved as successful in the classroom as on stage. They offer provocative contemporary themes in a manner that renders the Theater of the Absurd accessible, entertaining, and intellectually stimulating. Language, communication, and teaching itself—three of the topics explored in these plays—are facilitated by the witty use of idiomatic, conversational French and a current vocabulary.

An introductory essay discusses the meaning of the Theater of the Absurd, as well as Ionesco's role in it. To further the understanding and appreciation of the plays, we have also provided a vocabulary of theater terms, numerous study questions and, for more advanced students, a detailed explication in French of the final scene of *La Cantatrice chauve*. A brief bibliography is included for students who wish to pursue their interest in Ionesco and his theater.

The texts themselves are accompanied by translations of idiomatic expressions, difficult vocabulary items, and *faux amis*, together with helpful synonyms in French. (The *faux amis* are indicated by a symbol † preceding the glossed item.) The end vocabulary gives the common definitions of the glossed items as well as definitions appropriate to the context of the plays. Idioms that recur identically in both works are glossed in the pages facing *La Cantatrice chauve* and in the end vocabulary. Since these explanations are not given elsewhere, despite their reappearance in both plays, their number of course declines with successive pages. Advanced students will not have to refer to them frequently.

The intent of this edition is to appeal to sophisticated readers of French literature as well as to beginning intermediate students, unaccustomed to dealing with a full-length contemporary text. Vocabulary and discussion aids therefore range from the most literary to the most basic, with an occasional explication serving to introduce stylistic analysis to the venturesome. The teacher and reader are urged to choose from the deliberately abundant factual and theoretical questions (*questions su le texte, sujets de discussion*), as time and degree of competence in reading and speaking French allow. Although the level of questions for *La Leçon* is somewhat more advanced than for *La Cantatrice chauve*, it should be noted that the sequence of all factual questions follows the text of each play rather than any special order of difficulty.

Some of the suggested written assignments (*sujets de composition*) may be used for oral French practice. The suggested composition and discussion topics often go considerably beyond the immediate text; they will encourage the student to investigate other readings or to call upon personal experience and the imagination. The purpose of this is twofold: first, to provide material that is "relevant," (to use a cliché worthy of abuse in either play) and second, to stimulate the student's appreciation of literature while enhancing language skills. Classroom or group performance of these plays is, of course, one of the most valuable pedagogical devices. It is also very likely that, in the course of the discussions, a single question may take up an entire class session, or that several answers may be found for even the most "factual" of questions. These are altogether fitting conditions for experiencing the Theater of the Absurd.

The editors wish to express their profound gratitude to François Burési, Raya Dreben, Lenore Gouyet, Edith Hancock, Anne Minor, and Norman Shapiro for their invaluable comments and assistance.

L.B.

T.M.

Introduction

A New Kind of Theater

On February 25, 1971, Eugène Ionesco, whose plays have been in the vanguard of French theater for over two decades, was admitted to that bastion of cultural and literary conservatism known as the *Académie française*. This was an astonishing event to those who knew his name as virtually synonymous with the Theater of the Absurd. To be aware of what *théâtre d'avant-garde* and *théâtre de l'absurde* mean is basic to an appreciation of Ionesco's theater. If we understand these terms, we can see the distance travelled from avant-gardism to the highly respectable position of member of the French Academy.

The *avant-garde*[1] is defined by the dictionary as an advance group which aims to revolutionize the arts (such as music, painting, and literature). It sets itself up as the critical spirit of the present, in order to break free from the past and thereby radically alter the shape of the future. However, the transitory nature of this kind of group is obvious: if a movement is successful in instituting the desired changes, it eventually becomes the established norm. In the constant flow of cultural events, it is the inevitable and ironic fate of any successful *avant-garde* movement to ultimately comprise the *arrière-garde*; that is, to represent the established, accepted form of expression.

In accordance with their critical or radical spirit, such a group of artists often uses experimental, unorthodox, even shocking methods. The fact that Ionesco, the author of so-called *avant-*

---

[1] For Ionesco's own definition of the term, see his "Discours sur l'avant-garde," in *Notes et contre-notes* (Paris: Gallimard, 1966), pp. 75–91.

garde plays, has now been welcomed to the venerable French Academy illustrates the ephemeral quality of the very notion of avant-gardism. For the term must always be studied in the context of its own time. Rabelais, Molière, and Voltaire once led the vanguard; today their works are considered the classics of French literature. In the early 19th century, Victor Hugo, Théophile Gautier, and Alfred de Musset were included among the *avant-garde*. The notes they first sounded, as heralds of a new era, were discordant to many of their staid contemporaries, and provoked anger and scorn. They were the radicals of their age, personifying all that was abhorrent to their society; but even before the century drew to a close, their cause, known as the Romantic Movement, had already become so fossilized that it figured in every grammar school reader in France. Today, these poets are revered as symbolic of their generation.

The *avant-garde* of the early 20th century included such poets as André Breton, Louis Aragon, and Paul Eluard. To them fell the dubious glory of being denounced as charlatans, imposters, and pranksters by an outraged public. Now they are honored as leaders of the Surrealist Movement, and have assumed their rightful place in the textbooks on literature. (The word *surréalisme* itself, in fact, was coined by an earlier avant-gardist, the poet and playwright Guillaume Apollinaire.)

Just as Pablo Picasso, Max Ernst, and Joán Miró have permanently altered modern views of "reality," so have Eugène Ionesco, Samuel Beckett, and Edward Albee irrevocably changed present social and philosophical attitudes. The vanguard has become the rear guard because another artistic revolution has been accomplished. In short, ostracism as a first reaction, gradually transformed into acceptance by the Establishment, is a pattern that repeats itself continually.

In the 1950s, the so-called *avant-garde* primarily referred to playwrights whom critics classed under the rubric of *théâtre de l'absurde*. In what way was this theater *avant-garde*, that is to say revolutionary? The plays being produced at that time in Paris, usually in small, inconspicuous theaters on the Left Bank, shared certain underlying ideas. These works expressed for the most part a nihilistic attitude that has come to be known as the "philosophy of the absurd." Their purpose was to shock a public fettered by its own intellectual and emotional lethargy back into thinking and feeling anew. Audiences were often enraged because they were uncertain of the authors' intentions. Were they being mocked by a theater in which essentially nothing seemed to happen, or was there something going on that was so subtle that it was beyond them? Today the pendulum has swung fully in the other direction: the plays of Ionesco, Beckett and Jean Genêt are performed by the most esteemed theater groups. Ionesco's *Rhinocéros* opened in the *Théâtre de France*, and *La Leçon* is now in the repertory of the *Comédie-Française*. Repartee from *La Cantatrice chauve* enlivens standard social banter in French. What caused such a reversal of the public's reaction? How did scornful rejection turn into enthusiastic acceptance? To understand the change, we must look back one generation to existentialist thought, as it emerged from the disastrous experience of World War II.

The term "absurd," which ordinarily connotes something laughable or ridiculous, also means "inconsistent with what is judged as reasonable." Commenting on this second meaning, Albert Camus reflects that since man is endowed with *reason*, he is the only animal in creation to question his destiny, that is, his mortality.[2] In other words, man is the only animal who knows he is going to die. When this rational animal confronts the world, into which he has been thrust involuntarily and in which he feels himself—by virtue of his uniqueness—to be a "stranger," essentially alienated, he suddenly comprehends the reality of his predicament. He cannot expect any *rational* answers to his *rational* queries, because there is no logic or reason inherent in the universe. His own need for logic has made him superimpose a ra-

---

[2] Albert Camus (1913-1960), essayist, philosopher, novelist, playwright. His essay, "Le Mythe de Sisyphe" (1943), had a profound influence on many French writers of subsequent decades.

tional structure on a chaotic universe. The universe, in its limit-less, timeless, boundless presence, instead of humbling man and compelling him to turn to God (the only alternative for believers such as Pascal), leads man to a crushing feeling of *absurdity*. The consciousness of his finiteness, as opposed to the infinity of the universe, is coupled with his yearning for immortality. Man is forever frustrated by the juxtaposition of his inevitable death and the spectacle of an eternal universe. It is this confrontation be-tween sentient, rational man and an impassive universe that Camus calls *l'absurde*:

> À ce point de son effort, l'homme se trouve devant l'irrationnel. Il sent en lui son désir de bonheur et de raison. L'absurde naît de cette confrontation entre l'appel humain et le silence déraisonnable du monde.
> . . . L'irrationnel, la nostalgie humaine et l'absurde qui surgit de leur tête-à-tête, voilà les trois person-nages du drame qui doit nécessairement finir avec toute la logique dont une existence est capable.[3]

> At this point in his struggle, man finds himself face to face with the irrational. He feels in himself a need for happiness and reason. The absurd is born from this confrontation between the human plea and the un-reasonable silence of the universe . . . The irrational, the human nostalgia [for the rational], and the absurd which emerges from their encounter are the three characters in a drama which must necessarily end with all the logic of which one life is capable.

Existential theater expresses the feeling of anxiety that arises from the painful grasp of the absurd, but does so using traditional language and conventional techniques. Plays such as *Caligula* and *Le Malentendu* by Camus, or *Les Mouches* and *Électre* by Sartre, are chiefly graphic representations of their authors' philosophies, rather than new creations for the stage. Plots are generally bor-

---

[3] Camus, "Le Mythe de Sisyphe," *Essais* (Paris: Gallimard, 1965), pp. 117–118.

rowed from antiquity or based upon anecdotes from contemporary life. Characters lack psychological complexity or emotional depth; they serve as mouthpieces for their creators' points of view. Action is largely reduced to the ultimate act of death, usually through a murder, thus vividly presenting the idea that life is rendered meaningless by the fact of death.

Since there is little action or character development on stage (as in the classical theater of Racine, for example, where the protagonist reaches a state of self-knowledge), something else must engage the audience. It is the power of the word itself. And in existentialist theater characters do indeed discourse brilliantly with one another on the vicissitudes of the absurd. It is this discursive element, which presumes to offer the *irrational* in *rational* terms, that was challenged by the plays of the early 1950s known today as the Theater of the Absurd.

The Theater of the Absurd, as represented by writers such as Genêt, Beckett, Adamov and Ionesco, challenges the earlier notion that the feeling and the concept of an absurd existence can be shown by means of traditional theatrical conventions. Language is the major convention challenged by the new theater. Camus points out that the routine of our daily habits is a thick veil shrouding the reality of a hopeless universe.[4] One important message transmitted by this kind of theater is that language is also such a veil, for it frequently prevents true communication and awareness. The reason for this is that the words we use have been outworn by custom, mercilessly overused and abused.

Not until he attempted to learn English did Ionesco become aware of the extent to which we rely on mechanical phrases. So mechanical are they, in fact, that platitudes, mere comforting sounds, often pass for dialogue. Trite sayings, void of any real content, blanket the threatening reality of man's solitude.

> Le plus souvent mes personnages disent des choses
> très plates parce que la banalité est le symptôme de la

---

[4] *Ibid.*, pp. 106–107.

non-communication. Derrière les clichés, l'homme se cache.[5]

My characters frequently say very flat things because banality is the symptom of non-communication. Man hides behind clichés.

Only a slight shift was needed to tip the balance of stagnant words. By dislocating a word here, inflecting a reply there, Ionesco managed to alert his audience to the startling number of ready-made expressions in our daily speech. Once the alarm had been sounded, there could be no turning back to the security of conventions, verbal or theatrical. One could no longer hide, behind empty words, the fundamental anxiety which a questioning, thinking being must necessarily feel.

Authors such as Ionesco and Beckett justify the savagery of their attack on language by the fact that, for them, everyday language is dying if not already dead. The overwhelming majority of the words, expressions and sentences we use are enfeebled at best and at worst have no relation to the feeling or thought intended. A language deprived of meaning builds a system of thought deprived of meaning. And this system becomes the framework of a structure of clichés based on such abstractions as "nation," "democracy," "God," "socialism." History has shown that for the sake of words like these, millions of lives have been lost. By making us aware of the vacuousness of stale remnants of communication, the new theater proclaims their flagrant absurdity. The characters before us seem banal, ineffectual, lost, that is, we see modern man in his "essential" form. In short, the Theater of the Absurd reveals us to our anxiety-ridden selves. It identifies the fundamental human condition, what Ionesco calls *la réalité humaine*, and, as he says, it testifies to the intellectual and moral crisis resulting from false slogans, clichés, and other abuses of language. "Notre théâtre témoigne peut-être de cette crise . . .

---

[5] Ionesco, *Notes et contre-notes* (Paris: Gallimard, 1966), p. 309.

INTRODUCTION

universelle de la pensée. . . ."[6] ("Perhaps our theater bears witness to this universal crisis of thought. . . .")

The revolution of the Theater of the Absurd, which occurs largely on the verbal level, creates a feeling of anguish that emerges in the midst of laughter. We witness "absurd" man expressing, through his "absurd" inarticulateness and inaction, the stark, bleak quality of life at its lowest ebb—life without the protective opiate of religion or science. It is the tension between what is said and what is meant, between the word and the gesture, that causes these plays to create the strange effect of hilarious discomfort. The concept of the *absurd*, absurdly depicted, gives rise to a malaise which cannot be easily ignored or dismissed.

Since the chief impact of the Theater of the Absurd is verbal, the psychological plane must necessarily be affected: without language man cannot reflect on his existence. Only through the use of words can he come to understand the metaphysical implications of his life. To underscore the importance of words, this new theater has radically attacked the function of language. It hopes to awaken civilization to the frightful awareness that this basic tool is obsolete and no longer performs the function for which it was invented: to help man conquer himself, tame his world, and comprehend the relation between himself and his world.

The new theater strives to achieve a unity between subject and form, between the theme of the absurd and its expression. Its underlying theme is of course similar to its existential antecedent. It, too, is haunted by the horror of death, which shapes the common bond between all human beings:

> La condition essentielle de l'homme n'est pas sa condition de citoyen, mais sa condition de mortel. Lorsque je parle de la mort, tout le monde me comprend. La mort n'est ni bourgeoise, ni socialiste. Ce

---

[6] *Ibid.*, p. 335.

qui vient du plus profond de moi-même, mon angoisse la plus profonde, est la chose la plus populaire.[7]

The fundamental condition of man is not his condition as a citizen, but his condition as a mortal. When I speak of death, everyone understands me. Death is neither middle-class nor socialist. What comes from the deepest recesses within myself, my most profound anguish, is the most widespread condition.

But unlike its predecessor, existentialism, the Theater of the Absurd presents to its audience, in absurd language, the very sight of the absurd rather than just dealing with it abstractly. It therefore goes further than existentialist theater in producing an identification between the metaphysical problems raised and the spectator himself. For example, the concrete image of two tramps dragging out an existence denuded of everything except the vaguest of hopes that a man called Godot[8] will show up is so striking, so vivid, and so poignant that it leads the spectator to contemplate his own life, his own dreams and ambitions. In other words, he is made to think about the "Godot" he himself has invented in order to give meaning to an otherwise vacant life.

The Theater of the Absurd does not, therefore, limit itself to revolutionizing verbal expression; it also proceeds to create drama by laying bare the irrationality of other conventions long held sacred in western civilization. Absurdist plays do not have the predictable form of a beginning, middle, and end, as dictated by traditional Aristotelian logic. They are often circular in structure (*La Cantatrice chauve* and *La Leçon*), or they rise to a self-destructive intensity (*Les Chaises* or *Le Nouveau Locataire*, two other popular plays by Ionesco). Theatrical conventions such as plot, action, and character development are frequently disregarded. The treatment of the human condition is divested of the contingencies

---

[7] *Ibid.*, p. 311.

[8] Samuel Beckett, *En attendant Godot* (Paris: Éditions de Minuit, 1952).

of time, place, and social context. The old couple in *Les Chaises*, pathetic in their desire to deliver a message to an invisible audience, or the wife in Beckett's *Oh les beaux jours*, equally pathetic, vainly reminiscing over the highlights of a lamentable existence, could live anywhere, in any country, at any stage of history, in any social class. The couple in *Les Chaises*, for instance, dwells in an isolated tower on an isolated island. Beckett's play (*Oh les beaux jours*) takes place in an undefined sandy area. In the opening stage directions of *Jeux de massacre*, Ionesco indicates that the city is neither modern nor old, that it lacks any distinctive characteristic.

Yet when it comes to the "absurd" figures in Ionesco plays, there is a recognizable trait they possess in common or, more accurately, that they do not possess at all. Unlike ordinary men and women, they do not have a life of accumulated experiences. Their past lives do not unfold, allowing us to surmise what the future may contain. They have, in fact, no past, no future, only the immediate present. Each moment seems unrelated to the next. Because of the lack of an emotional continuum, these characters have no psychological credibility. Bereft of individual personalities, they behave more like puppets than like people. In the aforementioned *Jeux de massacre*, for example, we see a man appear at a window, soon joined by a policeman who clubs him. The man falls and abruptly disappears, leaving us with the memory of the Punch and Judy shows of our childhood.

The characters are frequently interchangeable, further illustrating their lack of distinctiveness; the two sisters in Genêt's *Les Bonnes*, Vladimir and Estragon in *En attendant Godot*, the Smiths and the Martins in *La Cantatrice chauve*. Conventional psychology has little to do with the characters in absurdist works, for they tend to embody the gradual death of language. Some are inarticulate (*Godot*); others use words solely to deceive rather than to perceive (*Le Balcon*, by Genêt); still others have become petrified in their own lifeless phrases (*La Cantatrice chauve*).

Absurdist plays open more often than not on a stage that is

virtually bare, with only a minimum of props to set the stark mood.[9] With few distractions from the central theme, the "absurd" message is conveyed directly and concretely. The characters themselves do not appear to understand what they are communicating. In somewhat parallel fashion, audiences are impelled to react on a level that is neither intellectual nor consciously emotional. It is rather a "gut" reaction, almost prelinguistic, just within the shadow of our awareness. Language, traditionally used to serve drama, becomes instead the drama itself. It is elevated to a primary function, while character is subordinated. This shift of position, naturally, is in itself absurd, for language has no *a priori* existence. Through the disintegration of their language, the disintegration of the characters inevitably follows.

These, then, are the dimensions of a theater frequently referred to as "anti-theater": timelessness, absence of heroes, absence of scenery, absence of conventional emotion. All these "absences" amount to a critique, the negative statement that this kind of theater represents. The *théâtre de l'absurde* endeavours to present the human condition with all its contradictions. It does not presume to offer a resolution, since the human condition itself is one of unresolved ambiguities.

Ionesco's Anti-Theater

L'oeuvre d'art n'est pas le reflet, l'image du monde, mais elle est *à l'image du monde.*[10]

---

[9] An important aspect of the Theater of the Absurd is the small budget involved. At the outset, the plays were usually produced in small theaters, with few actors and virtually no props. This resulted in a double benefit: not only could works by young, generally impecunious producers be presented at low cost, but also the limitations of staging guaranteed that the human condition would be presented in the starkest manner possible, stripped of social, economic, and cultural masks.

[10] Ionesco, *Notes et contre-notes*, p. 309.

> Art is not the reflection, the image of the world, but
> rather it is created in the image of the world.

Ionesco has ventured perhaps further than anyone else in France in his contribution to the *théâtre de l'absurde*. Certainly he is the best known and most widely performed spokesman for this theater today. He was born in Slatina, Rumania, in 1912, of a French mother and a Rumanian father. A year later, the family moved to France. Young Ionesco, whose first language was French, spent his childhood both in Paris and a small French village in La Mayenne. In 1925, when he was 13, his family returned reluctantly to his native country, where he continued his education. An outstanding student at his *lycée*, Ionesco entered the University of Bucharest, where, in 1929, he was awarded the equivalent of a master's degree, a *licence ès lettres* in French literature. He spent the following years teaching French in a *lycée*, and in 1939 married Rodica Burileano, a student in philosophy. Ionesco had the good fortune to win, two years later, a government research grant for a thesis on the dual theme of sin and death in modern French poetry. The young couple packed their bags joyfully and took off for the country that was to become their permanent home. The thesis was quite forgotten as the Ionescos settled in their adoptive country in the midst of the threatening pre-war atmosphere. They spent the war years mostly in Paris. In 1944, their only daughter, Marie-France, was born. Ionesco was now earning his living as a proofreader in a publishing house, while his wife worked in a law office. Not until several years after the second World War (and much to his surprise) did Ionesco become a playwright. His first play, *La Cantatrice chauve*, written by happy accident, was produced in 1950. Although he did not become an instant celebrity, Eugène Ionesco was well on his way to formulating a theater that was (and still is) highly personal and controversial.

Ionesco has often referred to his early dislike for the theater.[11]

---

[11] *Ibid.*, pp. 47–72.

For unlike the reading of fiction or poetry, the theatrical experience made him feel uneasy, even embarrassed. This feeling stemmed from what he saw as the inherent "impurity" of the genre: in his view, two irreconcilable planes of reality were being juxtaposed. On the one hand, there were the actors who, like everyone else, had bills to pay and obligations to meet. On the other hand there was the theater, the world of illusion, the domain of the imaginary, created by these actors pretending to be engaged in a "real" situation. The two "realities" seemed to Ionesco mutually annihilating, with the material presence of the actors destroying the fiction of the theater. For him, this was a kind of imposture, a jarring artistic concept. The idea of that theater was based on the false premise that the function of art is to reflect life as it is experienced by people on a daily level. Such a theory (quintessentially "bourgeois" to Ionesco) defines human beings solely through their psychology and material environment. This definition, he maintained, was too limited. Material realism does not take into account human dreams, obsessions, and fantasies. It denigrates men and women, reducing them to the palpable dimensions of the commonplace. Realistic theater ultimately falls short of Ionesco's idea of reality. True reality must go beyond the rational and the intellectual to embrace the imaginary, the obsessive. And this is where Ionesco's theater begins.

He writes plays that expose the constrictions of "bourgeois" drama. At the same time, they stretch the boundaries of everyday experience, through the renovation of method and language.

> C'est à partir d'une méthode redécouverte et d'un langage rajeuni que l'on peut élargir les frontières du réel connu.[12]

> One must begin with a renewed method and a rejuvenated language to be able to expand the limits of everyday reality.

In order to translate his "anti-realism" into theatrical terms,

---

[12] *Ibid.*, p. 71.

Ionesco has overturned such related dramatic conventions as time, cause and effect, psychological continuity and credibility. In *La Cantatrice chauve*, for example, the clock strikes 17 times, then once or twice, then 29 times. M. Smith explains matter-of-factly that it is difficult to tell time because this clock, with its contrary spirit, always indicates the opposite of the correct time. At a certain point, the clock simply asserts a will of its own: "La pendule sonne autant qu'elle veut." The episode of the ringing at the door (Scene VII), suggests the unsettling notion that one cannot learn from experience, that a given cause will not always produce the anticipated effect. When the doorbell rings, the only conclusion one can safely draw is that sometimes there is someone at the door; at other times there is not.

Since time does not flow in any discernable order and since events are not the effects of demonstrable causes, it is not surprising that psychological continuity is shattered as well. The characters in *La Cantatrice chauve* and *La Leçon* do not seem to benefit, as most adults do, from a store of experience. Their lives appear as a succession of disconnected moments. It takes the Martins a long dialogue, rich in intimate reminders, before they can rationally deduce that they are in fact man and wife.[13]

There appears to be no logic to ordinary occurrences in Ionesco's plays. In *La Cantatrice chauve*, M. Smith offhandedly informs his wife that the fire chief's mother used to court him when she was alive, while his father made M. Smith promise to give him his daughter in marriage, should he ever have one. Similarly, in *Victimes du devoir*, Madeleine changes abruptly from an ordinary housewife to an old woman, then to a seductress (she becomes the detective's mistress), then assumes a maternal role towards

---

[13] This parody of a classic recognition scene is said to be based on an episode in the author's life. Ionesco and his wife, waiting for a train in the *métro*, were momentarily separated by the usual rush hour crowd eager to get home to an *apéritif*. When, a few harried minutes later, they found themselves miraculously thrust into the same coach, they pretended not to know each other and began an elaborate pantomime of recognition, to the bewilderment of their fellow passengers.

her husband. Obviously, cause-and-effect relationships have fallen out of joint. It follows that psychological continuity and credibility can fare no better.

Ionesco's theater is easily identifiable, for his characters are fashioned by the *absurd*. They seem unaware of any distinction between the utterly trivial and the fantastic. The Smiths and the Martins listen to the description of a man reading a paper in the *métro*, or of someone tying his shoelace in the street, as if they had just heard that, during the first moon landing, the astronauts stumbled onto a McDonald's hamburger restaurant. The professor in *La Leçon* marvels at his student when she concludes that seven plus one are eight, and sometimes nine. But while these disproportions produce laughter, they are also disconcerting.

In traditional comedy, there is usually at least one character who embodies sound logic and in general acts as a foil for the antics of the others. In Ionesco's plays, no such character exists to point at the ridiculousness of the proceedings. This absence gives the impression of a universe out of focus, in which everyone is insane. For example, in *La Cantatrice chauve*, after the opening dialogue of the Smiths, we as perplexed spectators are relieved to see the maid enter the scene. In traditional French comedies, such as those of Molière or Marivaux, the maid often serves as the voice of reason and common sense. But Mary, far from bringing things back to normal, adds to our astonishment by informing the Smiths that she has been to the movies with a man and has seen a film with women. Shortly thereafter, she confides to the audience that not only are the Martins and their progeny *not* the Martins and their progeny, but that *she*, Mary, is Sherlock Holmes. Because there is no psychological unity, individual identity becomes a guessing game; it is contradicted at every turn of phrase.

Though these outlandish personages disorient us, they are completely accepted by everyone on stage. Their strange words and gestures are received as if they were familiar social patterns, while our own credulity is sorely taxed.

Ionesco's characters often impress us as caricatures. With their abrupt metamorphoses, their lack of subtlety, and their simplistic way of reducing things *ad absurdum*, they offer no possibility of identification with the audience. They bring to mind the world of the Guignol[14] which had enthralled Ionesco as a boy. He describes how his mother would take him to the Luxembourg Gardens, where he would watch with fascination the puppets assaulting and shrieking at each other. To him, they were larger-than-life replicas of the "real" world:

> C'était le spectacle même du monde, qui, insolite, invraisemblable, mais plus vrai que le vrai, se présentait à moi sous une forme infiniment simplifiée et caricaturale, comme pour en souligner la grotesque et brutale vérité.[15]

> It was the spectacle of life itself, which, strange, un-realistic, but more real than the real, was appearing before me in an infinitely simplified and caricatured form, as if to emphasize its grotesque and brutal truth.

Ionesco's theater does not aim to seduce the spectator into believing in the reality of life on the stage. He opposes the artifices of his theater—which conjure up a greater reality—to what he considers the "artificiality" of realistic theater—the disparity between the actor as a private person and the fictional role he interprets. Indeed, the essence of his theater can be found in the deliberate exaggeration of effects. He means to leave visible the strings that pull the puppets, and that is why many theatrical devices are exposed. He disengages the illusory from the real, thereby redirecting drama to the "pure" state from which it has been wrenched by "impure" realistic theater. The purpose of

---

[14] *Guignol:* the well-known marionette theater for children in the Tuileries Gardens in Paris, whose plays feature a hero bearing that name.

[15] Ionesco, *Notes et contre-notes*, p. 53. In *Jeux de massacre*, the author goes so far as to indicate in the stage directions that the characters can be played by life-size marionettes.

his "pure" theater is to divest us of the trappings of humdrum, daily life.

> Le théâtre est dans l'exagération extrême des senti-
> ments, exagération qui disloque la plate réalité
> quotidienne.[16]

> Theater originates in the extreme exaggeration of
> feelings, an exaggeration which displaces flat, daily
> reality.

Our sense of reality must be overthrown so that we become receptive to a new kind of reality.

A non-representational theater, without plot or character, was one objective of the surrealists in the early part of this century. Ionesco's ambition is to achieve a similar "purity." His plays open the door to the fantasy world of the grotesque and the sublime. Ideally, standard reactions will vanish and the spectator will be moved to react on the pre-verbal level of human experience. Ionesco's theater seeks to destroy the predictable theatrical experience and jolt the audience into a new, unexpected world, a world that does not function along previously formulated lines, where language takes us off our guard.

Constantly present in many of Ionesco's plays are unresolved antagonisms, antitheses which are never synthesized. These call for a technique of acting against the text, *jouer contre le texte*. In order to use the text as a "pretext," a point of departure, he presents elements fundamental to theater, but antithetical to each other—like the comic and the tragic. But whereas a writer like Shakespeare uses comic relief to offset deep tragedy, Ionesco allows comedy and tragedy to remain in a suspended state of contradiction. The very titles of some of his early plays reveal this intent: *La Leçon* and *Les Chaises*, for instance, are each sub-titled *farce tragique*; *Victimes du devoir* is a *pseudo-drame*, while *Jacques ou la soumission* is a *comédie naturaliste*. Theater audiences

---

[16] *Ibid.*, p. 60.

have so long been conditioned to expect a conflict and a resolution, that they are frequently irritated by plays that offer no solutions. Solutions may indeed be the ideal toward which we struggle in our lives, but it is the anxiety, quality, and depth of the struggle itself, rather than the goal attained, which give the measure of a human being. And it is that measure, that anxiety, which Ionesco's plays attempt to formulate.

To increase the artificiality of his "pure" theater, Ionesco instructs his actors not to strive for a credible effect in their roles, but, instead, to maintain the duality of their fictive and real selves. The dramatic tension thus produced, coupled with the persistence of unresolved antitheses, is furthered by ambiguous stage directions, such as: *Il embrasse ou n'embrasse pas Mme Smith.* These techniques are meant to subjugate the role of the intellect, for intellect must be set aside if we are to be shocked into reacting in an irrational way to the "anti-play" unfolding before us. With the disappearance of a "hero" to identify with, and after the repeated surprises of unfulfilled expectations, we come to respond freely, in an unreasoning way, to Ionesco's own kind of puppet show. If that is our reaction, then we are participating in his "reality."

Theater is one of the oldest known ceremonies in the history of civilization. The tragedies of Sophocles and Aeschylus were intended to involve the audience in an experience far beyond the words intoned. There was no simple "message" for the public. Oedipus, for example, did not only incarnate the drastic consequences of his enormous sins, he also symbolized a particular state of being. The communication of that state took place in the mysterious spheres revealed by the spoken word (an experience as undefinable as listening to music). What was being evoked by the tragic hero was the despair and the dignity of man, who assumes responsibility for actions whose import he cannot fathom. This view of man, facing with majesty the odds of life that are assuredly stacked against him, creates a reality which cannot be translated on a verbal level. In his own way, Ionesco is also seeking to transmit particular moods or states of being rather than messages. He defines a work of art as the attempt to communicate the incommunicable:

> Une oeuvre d'art est l'expression d'une réalité incommunicable que l'on essaie de communiquer—et qui, parfois, peut être communiquée. C'est là son paradoxe—et sa vérité.[17]

> A work of art is the expression of a reality which cannot be communicated, but which one tries to communicate—and which, sometimes, may be communicated. Therein lies its paradox—and its truth.

This theatrical paradox composes the essence of his theater. There can be no "message" conveyed by characters who cannot learn from experience themselves, whose language is inadequate to express anything but truisms. The spoken word is one of the most pervasive human phenomena. It not only distinguishes us from other forms of life, but also determines, to a large extent, our perceptions, thoughts, our very individuality. Without language we cannot communicate with ourselves or one another. But only the greatest poets and mystics have attempted to capture in writing states of mind or being that are ineffable, "beyond words." Usually these indescribable states can only be diminished or falsified by ordinary language.

In the theater, words have traditionally helped to create dramatic conflict. But Ionesco pushes the function of the word to its ultimate limit. To impress upon us that words no longer serve to communicate, he causes language to explode, to destroy itself in sheer frustration at its inability to express the inexpressible.

Theater is a double experience, auditory and visual. What is seen in Ionesco's plays often amplifies or replaces what is heard. For example, the anguish of a character can be made material by the use of props. They become the concrete symbols of the

---

[17] *Ibid.*, p. 145.

emotional state of the characters, a state which would normally be rendered verbally. Since language, deadened by layers of clichés, cannot function as it should, stage properties take its place.

In dramatic dialogue, one can extend the meaning of words with gestures, expressions, or inflections of the voice. Similarly, props and scenery become an extension of the visual aspect of theater. The chairs in *Les Chaises* stubbornly remain empty, and testify to the futile hope of communication. In *Le Nouveau Locataire*, the abundance of furniture finally immobilizes the new tenant amidst his possessions. And in *Le Roi se meurt*, the gradual disappearance of windows, doors, walls and, at last, king and throne are the manifest signs of the passing away of the old ruler. By thus transferring the hidden mechanisms of his "puppets" to the visible objects that surround them, Ionesco has expanded the language of theater.

Mechanical conformity is a direct result of the paralysis of language. The related and implicit themes of non-conformism and solitude, which pervade Ionesco's plays, cannot be ignored, for the entire concept of the individual depends on them. In *La Cantatrice chauve*, in a humorous statement on conformity, we find that the Bobby Watson family, all indistinguishable one from the other, has so little individuality that even their physical features defy description. In *Jacques ou la soumission*, the members of the two families are all named Jacques on the groom's side (except for his sister, whose name is Jacqueline) and Robert on the bride's side (except for the bride, Roberte). And in *Rhinocéros*, all the slogan enthusiasts become the animal of the title before our very eyes.

Although the men and women on stage cannot speak meaningfully to each other as individuals, they might, presumably, relieve their inevitable loneliness by becoming aware of themselves. But unfortunately they are as ill-equipped for self-knowledge as they are for knowing others. To exist means to be condemned to loneliness. And a dire sentencing it is, for human beings seem doomed to die in a prison of the self from which they cannot escape. Neither marriage nor companionship can bring solace. Ionesco's characters are often married, middle-class, suburban, well fed, well clothed—and inexplicably plagued by solitude. The boredom the Smiths feel with one another is not remedied by the arrival of the Martins, while the old couple in *Les Chaises* prefers to drown believing that the deaf and dumb orator will succeed in delivering the message to an audience of empty chairs.

If the aim of Ionesco's theater is to startle his audience out of lethargy into a state of awareness, it is with the foreknowledge that there will be no change in the absurd condition that is man's fate. There is no comfort—save entertainment in comic episodes —no solution to be found in his plays. They are translations of "moods" which, if understood, bring us to a greater lucidity about the human condition. The intent of Ionesco's "anti-theater" is to immerse us in the disquieting feeling of the *absurd*, rather than to have us settle for diversion or illusion.

La Cantatrice chauve

When Ionesco first began to study English in 1948, he had no intention of becoming a playwright. He describes how the subject matter of *La Cantatrice chauve* emerged as, dutifully, he was copying sentences from his English textbook (*L'Anglais sans peine*, the language manual based on the intensive Assimil method). The text presented dialogues between a Mr. and Mrs. Smith, typically English, comfortably off, whose conversation consisted of telling each other facts clearly known to both already: how many children they had, where they lived (just outside of London), and their name—Smith. They were later joined by another couple called the Martins, and the uneventful, self-evident conversation continued—to build vocabulary. As Ionesco began transcribing the dialogues (the better to learn them) a strange thing happened, an amazing metamorphosis:

Un phénomène bizarre se passa, je ne sais comment:

le texte se transforma sous mes yeux, insensiblement, contre ma volonté. Les propositions toutes simples et lumineuses que j'avais inscrites avec application sur mon cahier d'écolier, laissées là, se décantèrent au bout d'un certain temps, bougèrent toutes seules, se corrompirent, se dénaturèrent.[18]

A strange phenomenon took place, I don't know how: the text began to change imperceptibly before my eyes, in spite of me. The very simple, luminously clear statements that I had copied diligently into my notebook, left to themselves, took on a life of their own after a while, lost their original identity, became distorted.

And so *La Cantatrice chauve*[19] was born. With relatively little effort, by dislocating the words slightly, clichés were magically transformed; hackneyed phrases could, unexpectedly, provoke fresh responses. Monsieur and Madame Martin, for instance, re-united at long last, decide that they will forget what has *not* happened, rather than what has: «Oublions, darling, tout ce qui ne s'est passé entre nous.»

Once these fossilized verbal remains were released and isolated, something else became immediately apparent. Commonplace expressions, innocent enough when used in a language text as grammatical examples, became comical when they were set alongside other commonplaces. A new element was created by the discrepancy between the predictable statements themselves and their unpredictable contexts.

---

[18] *Ibid.*, p. 251.

[19] Ionesco's original title for the play alternated between *L'Heure anglaise, Big-Ben folies* and *Une Heure d'anglais.* He was dissuaded from using these by the producer, Nicolas Bataille, who pointed out that the public would tend to interpret the play solely as a satire of English society. During a rehearsal, the actor playing the fire chief made a felicitous slip of the tongue. While reciting the fable *Le Rhume* (''The Cold''), instead of *institutrice blonde* he said *cantatrice chauve.* «Voilà le titre de la pièce!» exclaimed the happy author.

If we look at the "story" of *La Cantatrice chauve*, we discover one incongruity after another. The play opens on an exemplary scene of domestic tranquillity. M. Smith is reading his newspaper. His wife is darning socks and reviewing in minute detail the dinner which they have just finished. But even as the play opens, there is something odd about this ordinary setting. The clock strikes 17 times, causing Madame Smith to exclaim that it is 9 P.M. And when she praises yogurt and its medicinal qualities, she is reminded of a doctor who tries out all his prescriptions and operations on himself first, before exposing his patients to them. After the clock neglects to strike, the name of Bobby Watson comes up. M. Smith declares that all Bobby Watsons are travelling salesmen, that they can only relax on days when there is no competition, which, to no one's surprise, are Tuesdays, Thursdays, and Tuesdays. Mary, the maid, is no more predictable than her employers, as we saw earlier. Nor are the guests who arrive: the Martins seem to suffer temporarily from amnesia, until they finally resign themselves to the indisputable evidence of being married. The Smiths join them in a peculiar conversation, then a new character, a fire chief, comes in search of a fire, any fire, no matter how small. He overcomes his disappointment at not finding one, and graciously consents to stay and enliven the dull party by relating anecdotes. These are unusual, if not bizarre: one deals with a young bull who gives birth to a cow, another meanders through a genealogy of distant relatives before arriving at the grandmother who used to catch a cold in winter, like everyone else. But all good things must come to an end. Duty calls, and the fire chief must be off to fight a fire announced three days earlier—but not before he and the maid have confessed their mutual passion, and Mary recites a "fiery" poem of her own invention. The Smiths and the Martins, again left to themselves, resume the conversation which had been interrupted by the fireman. This time, however, instead of exchanging platitudes, they speak in a language from which sequence and consequence have vanished. Their remarks, first uttered in a natural way, start to accelerate, and tempers flare. The two couples shout nonsense at each other until their anger causes the words to explode into the simplest fragments of speech: syllables, vowels and consonants.

> ... la parole, absurde, s'était vidée de son contenu et tout s'achevait par une querelle dont il était impossible de connaître les motifs, car mes héros se jetaient à la figure non pas des répliques, ni même des bouts de propositions, ni des mots, mais des syllabes, ou des consonnes, ou des voyelles![20]

> ... the absurd words were emptied of content, and everything ended with a quarrel whose motives it was impossible to know, for my heroes were hurling at each other not retorts, not even fragments of phrases, or words, but syllables, consonants, or vowels!

Ionesco was surprised at the uproarious reception given his play. He thought he had written about the tragedy of language, *la tragédie du langage*. But the undeniable fact was that there was a new kind of hilarity—that was somehow disturbing—on the French stage.

The disintegration of language, which strips words of all meaning, necessarily obliterates psychology and continuity. The characters seem to be totally devoid of inner life, of what is called in French *la vie intérieure*. They are cardboard figures, with no emotion or thought to differentiate them from each other. They are, in fact, interchangeable. Empty within, they cannot engage in any significant relationship. One wonders why they are together at all, since neither the presence of a spouse nor the company of friends affects their behavior and speech. They seem to talk merely for the sake of talking, to fill the gulf between them, a gulf that is only widened by their anxiety. The lack of communication produces an uneasiness echoed in turn by each character. And the level of anxiety increases as every attempt to alleviate the feeling of being alone together fails. Anxiety reaches fever

---

[20] Ionesco, *Notes et contre-notes*, p. 252.

pitch in the last scene, where the characters screech out their frustration. Their rage is senseless, perplexing to themselves and to the audience. It has not been occasioned by any particular incident. No one is responsible for it: their fury stems from something that surpasses their own understanding.

La Cantatrice chauve is a critique of what Ionesco calls the universal petty bourgeoisie, *la petite bourgeoisie universelle*. The sin that is chastised is conformity. Minds shaped entirely by clichés and slogans cannot deal with conflict, cannot think, cannot evaluate. Conformity, discussed earlier in relation to language and the concept of the individual, leads to the indiscriminate acceptance of mass values and mediocre ideas. It is necessarily expressed through a ready-made, mechanical language, as we have seen. The Smiths and the Martins speak in banalities because they have nothing to say. They have lost their ability to think or to be moved. Such people are absorbed by their social milieu, unable to separate themselves from the narrow opinions of their self-satisfied class. They have become interchangeable, and the end of the play attests to their equivalence to each other. A simple text for learning English had revealed to Ionesco the automatic elements of language and, by extension, the automatic elements of human thought and behavior.

Stereotyped social attitudes are inherent in the dialogues of *La Cantatrice chauve*, because all the characters conform to molds. M. Smith, for example, has assumed the role habitually (and mistakenly) attributed to men in our society. Buried in his newspaper, he clearly has more important things on his mind than the domestic chatter of his wife. When he finally looks up, it is merely to elucidate points of logic too rigorous for the weakness of the "feminine" mind. It is he who deduces that all doctors and patients are charlatans and that, in England, only the navy is honest. As proof of men's superior faculty to reason, he explains to his wife that since he rings to gain admission to a house, it is only logical to theorize that when the doorbell rings, someone must be there. Madame Smith's experience as a housewife does not allow for her husband's deductions. Although they may be valid in theory, she knows that things don't happen that way in real life.

The war between the sexes is waged recurrently. Madame Smith accuses men of being all the same; her husband retorts that women, not men, are all alike. And when his own wife supports Madame Smith in an argument, M. Martin accuses women of always sticking up for each other.

Social class defines another set pattern of responses. The fire chief is received politely, but coolly. The more effusive the formulae of politeness, the more he ought to feel that he is intruding. But with the insensitivity commonly ascribed to his class, he is blissfully unaware that his anecdotes, far from entertaining the company, are boring the Smiths and Martins beyond repair. As for the maid, she needs to be reminded by her employers of her station, when, in turn, she acts so bold as to propose reciting a poem. Knowing one's place is a necessity for all "right-thinking" conformists.

The structure of *La Cantatrice chauve* consists of a series of rising actions or *montées*, which are abruptly destroyed, thus levelling each moment that promises a theatrical climax. Madame Smith's first monologue is meant to interrupt her husband's reading, to get him to comment on the fish, the soup, and other staples of bourgeois diet and discourse. But when she succeeds, her victory is short-lived, for her husband explodes at her endless questioning. The rising quarrel suddenly drops and the Smiths become once more a placid, middle-aged couple. In Scene III, when the visiting Martins begin to converse, the empty amenities show their complete estrangement. When they finally realize that they have been occupying the same bed since their arrival in London, joy and rapture do not follow, as we might expect. Nothing can revitalize their dead marriage, and they resign themselves to forgetting what hasn't happened, and going on as before.

The longest rise and precipitous fall occurs when the monotonous remarks of the Martins and Smiths are interrupted by the appearance of an outsider, the fire chief. He is first received with etiquette, "the mould of form," and tolerated until he unwittingly transgresses convention by inquiring, «À propos, et la cantatrice chauve?» A long silence follows, and the air is mysteriously charged with embarrassment and discomfort. The breaking point is about to come; when the two couples begin to speak again, it is in random clichés and false proverbs. The inexplicable tension mounts until M. Smith shouts, «à bas le cirage!» His cry brings matters to a temporary halt. A new emotion starts to take hold, and the hostility grows with each exchange. The characters can now express their frustration only through physical aggression. For speech has been reduced to meaningless phrases and gibberish. Mere sounds and rhythms unite the characters in their frenzy, as if they were performing a primitive rite beyond their control. Then, without warning, there is sudden darkness and a strange incantation that ceases abruptly. When the stage is lit again, the Martins have changed places with the Smiths, and begin to repeat the dialogue of the opening scene as the curtain falls.

The enigma of these characters lies in their not being represented by what they say, for their language consists of words that have been debased by everyone else. The discomfort we sense does not result from a disparity between their desire and their inability to express themselves. Rather, the malaise conveyed stems from the characters' ignorance of their limitations. Deprived of psychological complexity and human dimensions, these puppet-like figures are at best dimly aware of the structures that move them. But that awareness, however slight, is oppressive, and the resentment felt by the Martins and the Smiths turns to convulsive violence and the destruction of language itself.

La Leçon

Language is also a major concern of the next play that Ionesco wrote, *La Leçon*. In *La Cantatrice chauve*, he allows language to reveal its limitations until, pushed to the extreme, it is detonated into its miniscule components. In the second work, language, instead of destroying itself, becomes an instrument of power capable of destroying others. Language can be held responsible for the radical metamorphosis of the two main characters, the professor and his student. Their transformation creates the structure of this "comic drama."

A student comes to the home of the professor for private tutoring. She seems at ease socially, charming if somewhat superficial, as she chats with her fastidious host, who, by contrast, is shy and uncomfortable in her vibrant presence.

The lesson begins with arithmetic. The girl proves competent enough in addition, and absolutely brilliant in multiplication. She has memorized *all* possible results, but is surprisingly poor in subtraction. As she falters in her answers, the professor gains in self-assurance, for he is on familiar ground. The mathematics lesson ends badly for the student. By the time they turn to philology, a linguistic science, the student has become intimidated. The professor ignores the repeated warnings of the maid («Monsieur, surtout pas de philologie, la philologie mène au pire . . .») as he plunges into a pedantic lecture on the origins and evolution of all *Neo-Hispanic* tongues. Swept away by the deluge of his own words, which make no sense, he does not heed the student's complaints about a toothache. The more listless she becomes in her responses, the more he is exasperated. Although she is soon groaning with pain, she is spellbound by the power of his rhetoric and its hypnotic effect upon her. As his triumph grows, he becomes more cruel. Eventually he seduces her into an attitude of passivity that allows him everything—and with her full cooperation—even, finally, her own murder. Afterward, as if emerging from a trance, the professor, now contrite, begs his maid to help him hide the evidence of his crime. The play closes as the once again diffident professor prepares to meet his new student and probable next victim.

«La philologie mène au pire . . .» the study of language does indeed lead to the worst. In *La Cantatrice chauve*, the play ends with the Smiths and the Martins using language almost physically in their verbal assaults. In *La Leçon*, words are employed in much the same way. Since the professor is in full control of his words and uses them with force, the student must yield to his dominance. As her vitality is drained, he is renewed, revitalized. From the prototype of a harmless old professor, he is transfigured into a man of irresistible magnetism. The student, mesmerized by his speech, submits not only to violence but to her own assassination. In both plays, the accelerating rhythm of words (non-sequiturs, false syllogisms, inane phrases) conveys brutality and aggression. The spectator, too, is assailed by the barrage of quasi-meaningless sounds hurled about on stage.

To audiences who first viewed this play in 1951, the memory of the most recent example of the destructive power of words must have been painfully acute. Adolf Hitler had been all too successful a demagogue. His inflammatory speeches had seduced his hypnotized listeners, inciting them to destructive action. During the early presentations of *La Leçon*, Ionesco had, in fact, indicated in the stage directions that after the murder, the maid should hand the professor an armband painted with a swastika. He later eliminated that political element, for it would have narrowed the meaning of the play to a condemnation of fascism. His "anti-theater" eschews utilitarian objectives. He considers theater to be an act of liberating uninvolvement, *dégagement*, rather than *engagement*, commitment.

Nevertheless, *La Leçon* has proved as controversial for critics as its predecessor. *La Cantatrice chauve* has been variously interpreted as a parody of theater, a satire of the petty bourgeoisie, a burlesque of the English, even a critique of the unfortunate Assimil method. *La Leçon*, in turn, has frequently been seen as a political allegory, with the ruthless dictator-professor oppressing his people, whose attempts to revolt (symbolized by the toothache) are crushed. It has also been explained as the portrait of the tyranny characteristic of all student-teacher relationships, a frontal attack on pedagogy, a satire of middle-class attitudes (the student seeks a degree to please her parents), an anti-rationalist thrust against the rational sciences of mathematics and philology.

One thing is sure: *La Leçon* exposes the relationship between language and power. Once the power of words is understood, it can be misused to create another relationship—the dangerous one of domination and submission (master and slave). While the structure of the play is based on questions and answers, the language increases in brutality until words as well as the knife ultimately kill the inarticulate victim of the word-crazed professor.

His role is so demanding that it has entered the training repertory of drama students. The professor runs a broad gamut of emotional and physical states: he evolves from timidity to self-assurance, from annoyance to intolerance, from gentleness to sadism. After the murder, he displays relief, then fear, then guilt. The disintegration of his personality may recall the breakdown of words and motivation which we observed in *La Cantatrice chauve*.

These plays are classical in their brevity and restraint; their density heightens the dramatic impact. Both present themes which will recur in later works. As Ionesco himself said recently:

> Les thèmes de ces deux pièces se retrouvent ultérieurement mélangés avec d'autres thèmes. La façon de les traiter seule change, mais le fond est le même.[21]

> The themes of these two plays reappear later mingled with other themes. Only the manner of treating them changes; the basic material is the same.

The plays begin with a conventional, reassuring setting, lulling the audience into believing that they are about to see something familiar. And both end in violence and destruction; their endings return to the beginning, thereby transmuting the sense of time from development to "timeless" repetition. In his private journal, Ionesco noted the elements he wanted to bring out in *La Cantatrice chauve* and *La Leçon*:

> Théâtre abstrait. Drame pur. Anti-thématique, anti-idéologique, anti-réaliste-socialiste, anti-philosophi-

---

[21] Letter from Eugène Ionesco to Lillian Bulwa and Tamar March, May 18, 1974.

que, anti-psychologique de boulevard, anti-bourgeois, redécouverte d'un nouveau théâtre libre. Libre c'est-à-dire libéré, c'est-à-dire sans parti pris, instrument de fouille: seul à pouvoir être sincère, exact et faire apparaître les évidences cachées.[22]

Abstract theater. Pure drama. Anti-thematic, anti-ideological, anti-realist-socialist, anti-philosophical, anti-psychological Broadway, anti-bourgeois, redis-covery of a new, free theater. Free, that is to say liber-ated, that is to say without foregone conclusions, rather an instrument of research: unique in its ability to be sincere, precise, and capable of allowing hidden truths to be seen.

Reading these two free, always new "instruments of research" with no foregone conclusions will allow their hidden truths to appear.

---

[22] Ionesco, *Notes et contre-notes*, p. 255.

WORKS BY IONESCO

Plays

Théâtre, I. Paris: Gallimard, 1954 (contains *La Cantatrice chauve, La Leçon, Jacques ou la soumission, Les Chaises, Victimes du devoir,* and *Amédée ou Comment s'en débarrasser*).

Théâtre, II. Paris: Gallimard, 1958 (contains *L'Impromptu de l'Alma, Tueur sans gages, Le Nouveau Locataire, L'Avenir est dans les oeufs, Le Maître, La Jeune Fille à marier*).

Théâtre, III. Paris: Gallimard, 1963 (contains *Rhinocéros, Le Piéton de l'air, Délire à deux, Le Tableau, Scène à quatre, Les Salutations,* and a script for a film, *La Colère*).

Théâtre, IV. Paris: Gallimard, 1966 (contains *Le Roi se meurt, La Soif et la faim, La Lacune, Le Salon de l'automobile, L'Oeuf dur, Pour préparer un Oeuf dur, Le Jeune Homme à marier, Apprendre à marcher*).

Jeux de massacre. Paris: Gallimard, Le Manteau d'Arlequin, 1970.

Macbett. Paris: Gallimard, Le Manteau d'Arlequin, 1972.

Prose fiction

La Photo du colonel. Paris: Gallimard, 1962 (contains five short stories, later adapted into plays. Also included are a semi-fictional essay, "La Vase," and autobiographical notes entitled "Printemps 1939.")

Le Solitaire. Paris: Mercure de France, 1973. This is Ionesco's first novel.

Autobiographical, Critical, and Esthetic Writings

Notes et contre-notes. Paris: Gallimard, 1966.

Journal en miettes. Paris: Mercure de France, 1967.

Passé présent, présent passé. Paris: Mercure de France, 1968.

Découvertes. Genève: Skira, 1969.

WORKS ABOUT IONESCO

The following books are very useful for background information on the Theater of the Absurd in general, and Ionesco in particular.

Benmussa, Simone. *Ionesco.* Paris: Seghers, 1971.

Bonnefoy, Claude. *Entretiens avec Ionesco.* Paris: Pierre Belford, 1966.

Coe, Richard N. *Eugène Ionesco.* New York: Grove Press, 1961.

Corrigan, Robert W. *The Modern Theater.* New York: Macmillan, 1964.

Dickinson, Hugh. *Myth on the Modern Stage.* Chicago: University of Illinois Press, 1969.

Esslin, Martin. *Reflections.* New York: Doubleday/Anchor Books, 1971.

Esslin, Martin. *The Theater of the Absurd.* New York: Doubleday/Anchor Books, 1969.

Fowlie, Wallace. *Dionysus in Paris.* New York: Meridian Books, 1960.

Grossvogel, David I. *Four Playwrights and a Postscript.* Ithaca, New York: Cornell University Press, 1962.

Guicharnaud, Jacques and Guicharnaud, June. *Modern French Theater: From Giraudoux to Beckett.* New Haven: Yale University Press, 1967.

Jacobsen, Josephine and Mueller, William R. *Ionesco and Genêt: Playwrights of Silence.* New York: Hill and Wang, 1968.

Lamont, Rosette. *Ionesco: A Collection of Critical Essays.* Englewood Cliffs, New Jersey: Prentice-Hall, 1973.

Picon, Gaëtan. *Panorama de la nouvelle littérature française.* Paris: Gallimard, 1960.

Wellwarth, George E. *The Theater of Protest and Paradox.* New York: New York University Press, 1964.

Vocabulaire théâtral

accessoire *(m)* stage property, "prop"

acte *(m)* act of a play

acteur *(m)*, **actrice** *(f)* actor, actress

action *(f)* plot, action, course of events

ambiance *(f)* mood, ambience

atmosphère *(f)* mood, atmosphere

auditoire *(m)* audience

cadre *(m)* background, setting; framework

caractère *(m)* nature, personality; type (*Do not confuse with* personnage.)

comédie *(f)* comedy

comédien *(m)*, **comédienne** *(f)* stage actor, actress

coulisse *(f)* theater wing

coup de théâtre *(m)* dramatic surprise

crise *(f)* climax

critique *(f)* criticism

critique *(m)* critic

décor *(m)* scenery, stage setting

dénouement *(m)* resolution of plot, outcome

dialogue *(m)* dialogue, conversation, exchange of words

direction (scénique) *(f)* (stage) direction

discours *(m)* speech, discourse

distribution (des rôles) *(f)* cast (of characters)

dramaturge *(m)* playwright

drame *(m)* drama

entrée *(f)* entrance

farce *(f)* farce

geste *(m)* gesture

indication (scénique) *(f)* (stage) direction

intrigue *(f)* plot

jeu (de l'acteur) *(m)* style, movement, interpretation (by the actor)

jouer to act, perform, play

lever du rideau *(m)* rise of the curtain; curtain raiser

metteur en scène *(m)* director

mise en scène *(f)* production

mêmes *(m ou f)* same characters

milieu *(m)* background, setting, milieu

monologue *(m)* speech made by a character alone on the stage, monologue

monter une pièce to stage a play

personnage *(m)* fictional character

pièce *(f)* play; room (in a dwelling)

plateau *(m)* floor (of the stage); platform

protagoniste *(m)* main character, protagonist

public *(m)* audience; public

répétition *(f)* rehearsal

réplique *(f)* response, answer;
retort

représentation *(f)* performance;
production

représenter to perform, act, put
on; to depict, describe, portray;
to typify, symbolize

rideau *(m)* curtain; **au lever du
rideau** at the rising of the
curtain, as the play opens

rôle *(m)* role, part; **rôle
subordonné** secondary role

salle de théâtre *(f)* playhouse,
theater (inside)

scène *(f)* stage; scene (setting;
part of act); **fond de la scène**
(m) backstage; **avant-scène**
(f) upstage, front of the stage;
scène de reconnaissance *(f)*
recognition scene

spectacle *(m)* play; performance;
production

spectateurs *(m pl)* audience,
spectators

sortie *(f)* exit

temps *(m)* *un temps* a pause

théâtre *(m)* playhouse, theatre;
stage; plays (collection),
dramatic works; scene, place of
action

Termes et abbréviations

adj   adjective

argot   slang

au sens employé ici   as used here

cf   compare

f   feminine

fam   familiar, colloquial

ff   and following

fig   figurative, figuratively

inf   infinitive of verb

lit   literal, literally

m   masculine

o d   direct object

o i   indirect object

p   page

past part   past participle

pl   plural

pp   pages

pres part   present participle

substantif   noun

vulgaire   vulgar

La Cantatrice chauve

personnage *(m)*   character (in a play or novel)

La Cantatrice chauve

ANTI-PIÈCE

PERSONNAGES

M. SMITH	*Claude Mansard*
MME SMITH	*Paulette Frantz*
M. MARTIN	*Nicolas Bataille*
MME MARTIN	*Simone Mozet*
MARY, la bonne	*Odette Barrois*
LE CAPITAINE DES POMPIERS. .	*Henry-Jacques Huet*

La Cantatrice chauve *a été représentée pour la première fois au Théâtre des Noctambules, le 11 mai 1950, par la Compagnie Nicolas Bataille.*
La mise en scène était de Nicolas Bataille.

† **journal** *(m)* newspaper

à côté de next to, beside

† **pendule** *(f)* clock (*do not confuse with* **pendule** *(m)* pendulum)

frapper dix-sept coups to strike seventeen times

Tiens Say! See here! Look here! Well! Hey!

au lard with bacon

environs *(m)* = alentours *(m)*

† **lecture** *(f)* reading **faire claquer** to click, to cluck

de bien meilleure qualité of much better quality

d'en face opposite **du bas de la côte** down the hill

leur huile à eux their oil

soit *The subjunctive is used here to indicate denial; it is governed by* je ne veux pas dire.

pourtant = cependant **toujours** *(au sens employé ici)* = encore

† **coin** *(m)* corner

faire cuire to cook

lorsque = quand

---

† is the symbol used to indicate *faux amis.*

= indicates French synonyms.

SCÈNE I

Intérieur bourgeois anglais, avec des fauteuils anglais. Soirée anglaise.
M. Smith, Anglais, dans son fauteuil anglais et ses pantoufles anglaises,
fume sa pipe anglaise et lit un journal anglais, près d'un feu anglais. Il
a des lunettes anglaises, une petite moustache grise, anglaise. A côté de
lui, dans un autre fauteuil anglais, Mme Smith, Anglaise, raccommode   5
des chaussettes anglaises. Un long moment de silence anglais. La pendule
anglaise frappe dix-sept coups anglais.

Mme Smith :   Tiens, il est neuf heures. Nous avons mangé de la
    soupe, du poisson, des pommes de terre au lard, de la salade
    anglaise. Les enfants ont bu de l'eau anglaise. Nous avons bien   10
    mangé, ce soir. C'est parce que nous habitons dans les environs
    de Londres et que notre nom est Smith.
M. Smith, *continuant sa lecture, fait claquer sa langue.*
Mme Smith :   Les pommes de terre sont très bonnes avec le lard,
    l'huile de la salade n'était pas rance. L'huile de l'épicier du   15
    coin est de bien meilleure qualité que l'huile de l'épicier d'en
    face, elle est même meilleure que l'huile de l'épicier du bas de
    la côte. Mais je ne veux pas dire que leur huile à eux soit
    mauvaise.
M. Smith, *continuant sa lecture, fait claquer sa langue.*   20
Mme Smith :   Pourtant, c'est toujours l'huile de l'épicier du
    coin qui est la meilleure . . .
M. Smith, *continuant sa lecture, fait claquer sa langue.*
Mme Smith :   Mary a bien cuit les pommes de terre, cette fois-
    ci. La dernière fois elle ne les avait pas bien fait cuire. Je ne   25
    les aime que lorsqu'elles sont bien cuites.
M. Smith, *continuant sa lecture, fait claquer sa langue.*

se lécher les babines *(argot)* to lick one's chops, to smack one's lips

J'en ai pris deux fois. (en = du poisson) I had two helpings.

aller aux cabinets to go to the bathroom

Comment ça se fait? How come? How do you explain that?

d'habitude = d'ordinaire, ordinairement

Ce n'est pas l'appétit qui te manque. You sure have a healthy appetite.

sel *(m) (au sens employé ici)* wit, pep

anis étoilé star anise

je saurai m'y prendre I'll know how to do (go about) it

Notre petit garçon aurait bien voulu . . . Our little boy would have been willing, would sure have liked . . . *Note the difference between* bien vouloir (to be willing) *and* vouloir bien (not to mind).

s'en mettre plein la lampe *(argot)* to gorge (stuff) oneself

jouer du piano to play the piano   † **demander** to ask (for)

bouillie *(f)* hot cereal, thinner than cream of wheat; gruel

Ça se voit qu'elle n'a que deux ans. It's obvious she's only two years old.

tarte *(f)* **aux coings et aux haricots** quince and bean tart. *See p. 5, ll. 8-11.*

On aurait bien fait de . . . We would have done well to . . ., It would have been a good idea to . . .

vin de Bourgogne australien Australian Burgundy *is a contradiction in terms.*

afin de + *inf* = pour + *inf*

apprendre à = enseigner à

venir de + *inf* to have just + *past part*

Constantinople capital of Turkey, today known as Istanbul

être diplômé de to be a graduate of

Andrinople Adrianople, a city in Turkey

pareil, -le = semblable

Mme Smith : Le poisson était frais. Je m'en suis léché les babines. J'en ai pris deux fois. Non, trois fois. Ça me fait aller aux cabinets. Toi aussi tu en as pris trois fois. Cependant la troisième fois, tu en as pris moins que les deux premières fois, tandis que moi j'en ai pris beaucoup plus. J'ai mieux mangé que toi, ce soir. Comment ça se fait ? D'habitude, c'est toi qui manges le plus. Ce n'est pas l'appétit qui te manque.

M. Smith, *fait claquer sa langue.*

Mme Smith : Cependant, la soupe était peut-être un peu trop salée. Elle avait plus de sel que toi. Ah, ah, ah. Elle avait aussi trop de poireaux et pas assez d'oignons. Je regrette de ne pas avoir conseillé à Mary d'y ajouter un peu d'anis étoilé. La prochaine fois, je saurai m'y prendre.

M. Smith, *continuant sa lecture, fait claquer sa langue.*

Mme Smith : Notre petit garçon aurait bien voulu boire de la bière, il aimera s'en mettre plein la lampe, il te ressemble. Tu as vu à table, comme il visait la bouteille ? Mais moi, j'ai versé dans son verre de l'eau de la carafe. Il avait soif et il l'a bue. Hélène me ressemble : elle est bonne ménagère, économe, joue du piano. Elle ne demande jamais à boire de la bière anglaise. C'est comme notre petite fille qui ne boit que du lait et ne mange que de la bouillie. Ça se voit qu'elle n'a que deux ans. Elle s'appelle Peggy.

La tarte aux coings et aux haricots a été formidable. On aurait bien fait peut-être de prendre, au dessert, un petit verre de vin de Bourgogne australien mais je n'ai pas apporté le vin à table afin de ne pas donner aux enfants une mauvaise preuve de gourmandise. Il faut leur apprendre à être sobre et mesuré dans la vie.

M. Smith, *continuant sa lecture, fait claquer sa langue.*

Mme Smith : Mrs. Parker connaît un épicier bulgare, nommé Popochef Rosenfeld, qui vient d'arriver de Constantinople. C'est un grand spécialiste en yaourt. Il est diplômé de l'école des fabricants de yaourt d'Andrinople. J'irai demain lui acheter une grande marmite de yaourt bulgare folklorique. On n'a pas souvent des choses pareilles ici, dans les environs de Londres.

apothéose *(f)* apotheosis, deification, exaltation to divine rank or stature

soigner = prendre soin de

avoir confiance en = se fier à

† **expérience** *(f)* *(au sens employé ici)* experiment

faire opérer (quelqu'un) to have (someone) operated upon

se faire opérer du foie to have an operation on the liver

aucunement = nullement, pas du tout

comment se fait-il que . . .? how does it happen that . . .?

s'en soit tiré pulled through *The subjunctive here indicates the unpredictability of the outcome.*

se tirer de (quelque chose) = en sortir

chez le docteur *(au sens employé ici)* for the doctor, in the doctor's case

tous les deux both (of them)

succomber = périr, mourir

† **vague** *(f)* wave

† **juste** = exact, correct

décédé = mort

nouveau-né = qui vient de naître

M. Smith, *continuant sa lecture, fait claquer sa langue.*

Mme Smith : Le yaourt est excellent pour l'estomac, les reins, l'appendicite et l'apothéose. C'est ce que m'a dit le docteur Mackenzie-King qui soigne les enfants de nos voisins, les Johns. C'est un bon médecin. On peut avoir confiance en lui. Il ne 5 recommande jamais d'autres médicaments que ceux dont il a fait l'expérience sur lui-même. Avant de faire opérer Parker, c'est lui d'abord qui s'est fait opérer du foie, sans être aucunement malade.

M. Smith : Mais alors comment se fait-il que le docteur s'en soit 10 tiré et que Parker en soit mort ?

Mme Smith : Parce que l'opération a réussi chez le docteur et n'a pas réussi chez Parker.

M. Smith : Alors Mackenzie n'est pas un bon docteur. L'opération aurait dû réussir chez tous les deux ou alors tous les deux 15 auraient dû succomber.

Mme Smith : Pourquoi ?

M. Smith : Un médecin consciencieux doit mourir avec le malade s'ils ne peuvent pas guérir ensemble. Le commandant d'un bateau périt avec le bateau, dans les vagues. Il ne lui survit pas. 20

Mme Smith : On ne peut comparer un malade à un bateau.

M. Smith : Pourquoi pas ? Le bateau a aussi ses maladies ; d'ailleurs ton docteur est aussi sain qu'un vaisseau ; voilà pourquoi encore il devait périr en même temps que le malade comme le docteur et son bateau. 25

Mme Smith : Ah ! Je n'y avais pas pensé . . . C'est peut-être juste . . . et alors, quelle conclusion en tires-tu ?

M. Smith : C'est que tous les docteurs ne sont que des charlatans. Et tous les malades aussi. Seule la marine est honnête en Angleterre. 30

Mme Smith : Mais pas les marins.

M. Smith : Naturellement. *Pause.*

M. Smith, *toujours avec son journal :* Il y a une chose que je ne comprends pas. Pourquoi à la rubrique de l'état civil, dans le journal, donne-t-on toujours l'âge des personnes décédées et 35 jamais celui des nouveau-nés ? C'est un non-sens.

étonné = surpris

il y a deux ans two years ago

se rappeler + *o d* = se souvenir de + *o d*

Bien sûr que je me rappelle. Of course I remember.

bien sûr = naturellement, bien entendu, certainement

tout de suite = immédiatement, aussitôt, sur-le-champ

sur le journal in the newspaper

décès *(m)* = mort *(f)*

† **conservé** preserved

il y avait quatre ans qu'il était mort he had been dead for four years

véritable = vrai, authentique

comme il était gai! = qu'il était gai!

comme *(au sens employé ici)* = puisque

† **confondre** to confuse

mort *(m)* the dead man *Do not confuse with* mort *(f* death) *and* morte *(f* the dead woman).

par hasard by chance **hasard** *(m)* chance, accident

† **grand** *(au sens employé ici)* tall

MME SMITH :   Je ne me le suis jamais demandé !

*Un autre moment de silence. La pendule sonne sept fois. Silence. La
pendule sonne trois fois. Silence. La pendule ne sonne aucune fois.*

M. SMITH, *toujours dans son journal :*   Tiens, c'est écrit que Bobby
Watson est mort.   5

MME SMITH :   Mon Dieu, le pauvre, quand est-ce qu'il est mort ?

M. SMITH :   Pourquoi prends-tu cet air étonné ? Tu le savais bien.
Il est mort il y a deux ans. Tu te rappelles, on a été à son enterrement, il y a un an et demi.

MME SMITH :   Bien sûr que je me rappelle. Je me suis rappelé   10
tout de suite, mais je ne comprends pas pourquoi toi-même tu
as été si étonné de voir ça sur le journal.

M. SMITH :   Ça n'y était pas sur le journal. Il y a déjà trois ans
qu'on a parlé de son décès. Je m'en suis souvenu par association
d'idées !   15

MME SMITH :   Dommage ! Il était si bien conservé.

M. SMITH :   C'était le plus joli cadavre de Grande-Bretagne ! Il
ne paraissait pas son âge. Pauvre Bobby, il y avait quatre ans
qu'il était mort et il était encore chaud. Un véritable cadavre
vivant. Et comme il était gai !   20

MME SMITH :   La pauvre Bobby.

M. SMITH :   Tu veux dire «le» pauvre Bobby.

MME SMITH :   Non, c'est à sa femme que je pense. Elle s'appelait
comme lui, Bobby, Bobby Watson. Comme ils avaient le
même nom, on ne pouvait pas les distinguer l'un de l'autre   25
quand on les voyait ensemble. Ce n'est qu'après sa mort à lui,
qu'on a pu vraiment savoir qui était l'un et qui était l'autre.
Pourtant, aujourd'hui encore, il y a des gens qui la confondent
avec le mort et lui présentent des condoléances. Tu la connais ?

M. SMITH :   Je ne l'ai vue qu'une fois, par hasard, à l'enterrement   30
de Bobby.

MME SMITH :   Je ne l'ai jamais vue. Est-ce qu'elle est belle ?

M. SMITH :   Elle a des traits réguliers et pourtant on ne peut pas
dire qu'elle est belle. Elle est trop grande et trop forte. Ses
traits ne sont pas réguliers et pourtant on peut dire qu'elle est   35
très belle. Elle est un peu trop petite et trop maigre. Elle est

professeur de chant *(m)*   voice teacher

au plus tard   at the latest

cadeau de noces *(m)*   wedding gift, present
cadeau *(m)*   = don *(m)*, présent *(m)*
Je me demande lequel.   I wonder what.   **se demander**   to wonder

faire cadeau à (quelqu'un) de (quelque chose)   to offer (something)
as a gift to (someone)
ne servir à rien   to be good for nothing

demeurer   = rester

Il ne leur manquait plus que cela!   That's all they needed!

Le deuil lui va si bien!   Mourning becomes her so well!
prendre soin de   = se charger de, s'occuper de

† **éducation** *(f)*   upbringing, raising

à son tour   in turn

Elle a quelqu'un en vue?   She has someone in mind?

professeur de chant. *La pendule sonne cinq fois. Un long temps.*

Mme Smith : Et quand pensent-ils se marier, tous les deux?

M. Smith : Le printemps prochain, au plus tard.

Mme Smith : Il faudra sans doute aller à leur mariage.

M. Smith : Il faudra leur faire un cadeau de noces. Je me de- 5
mande lequel?

Mme Smith : Pourquoi ne leur offririons-nous pas un des sept
plateaux d'argent dont on nous a fait cadeau à notre mariage à
nous et qui ne nous ont jamais servi à rien? *Court silence. La*
pendule sonne deux fois. 10

Mme Smith : C'est triste pour elle d'être demeurée veuve si
jeune.

M. Smith : Heureusement qu'ils n'ont pas eu d'enfants.

Mme Smith : Il ne leur manquait plus que cela! Des enfants!
Pauvre femme, qu'est-ce qu'elle en aurait fait! 15

M. Smith : Elle est encore jeune. Elle peut très bien se remarier.
Le deuil lui va si bien!

Mme Smith : Mais qui prendra soin des enfants? Tu sais bien
qu'ils ont un garçon et une fille. Comment s'appellent-ils?

M. Smith : Bobby et Bobby comme leurs parents. L'oncle de 20
Bobby Watson, le vieux Bobby Watson, est riche et il aime le
garçon. Il pourrait très bien se charger de l'éducation de
Bobby.

Mme Smith : Ce serait naturel. Et la tante de Bobby Watson, la
vieille Bobby Watson, pourrait très bien, à son tour, se charger 25
de l'éducation de Bobby Watson, la fille de Bobby Watson.
Comme ça, la maman de Bobby Watson, Bobby, pourrait se
remarier. Elle a quelqu'un en vue?

M. Smith : Oui, un cousin de Bobby Watson.

Mme Smith : Qui? Bobby Watson. 30

M. Smith : De quel Bobby Watson parles-tu?

Mme Smith : De Bobby Watson, le fils du vieux Bobby Watson,
l'autre oncle de Bobby Watson, le mort.

M. Smith : Non, ce n'est pas celui-là, c'est un autre. C'est
Bobby Watson, le fils de la vieille Bobby Watson, la tante de 35
Bobby Watson, le mort.

on y fait de bonnes affaires   people do well at it

† concurrence *(f)*   competition

tout souriant   all smiles, smiling
† rester   to stay, to remain
toute la journée   all day long, the livelong day   † journée *(f)*   day
(in the sense of its duration)   ou bien   or else

si vous n'êtes pas en train de boire   when you're not (in the process of)
drinking   sans arrêt   = sans cesse, continuellement

Quant à moi, je m'en fiche!   As for me, I don't give a damn!
embêter *(fam)*   = ennuyer, irriter, vexer
montrer ses dents   to bare one's teeth

mon poulet rôti   my roast chicken *Humorous version of popular expressions of*
endearment such as mon petit chou *(lit my little cabbage, my darling).*
pour rire   as a joke   † embrasser   to kiss, to embrace
éteindre *(au sens employé ici)* to put out (the light)
faire dodo *(fam)*   to go to bed or to sleep *(expression used for small children)*

Mme Smith: Tu veux parler de Bobby Watson, le commis voyageur?

M. Smith: Tous les Bobby Watson sont commis voyageurs.

Mme Smith: Quel dur métier! Pourtant, on y fait de bonnes affaires.

M. Smith: Oui, quand il n'y a pas de concurrence.

Mme Smith: Et quand n'y a-t-il pas de concurrence?

M. Smith: Le mardi, le jeudi et le mardi.

Mme Smith: Ah! trois jours par semaine? Et que fait Bobby Watson pendant ce temps-là?

M. Smith: Il se repose, il dort.

Mme Smith: Mais pourquoi ne travaille-t-il pas pendant ces trois jours s'il n'y a pas de concurrence?

M. Smith: Je ne peux pas tout savoir. Je ne peux pas répondre à toutes tes questions idiotes!

Mme Smith, *offensée:* Tu dis ça pour m'humilier?

M. Smith, *tout souriant:* Tu sais bien que non.

Mme Smith: Les hommes sont tous pareils! Vous restez là, toute la journée, la cigarette à la bouche ou bien vous vous mettez de la poudre et vous fardez vos lèvres, cinquante fois par jour, si vous n'êtes pas en train de boire sans arrêt!

M. Smith: Mais qu'est-ce que tu dirais si tu voyais les hommes faire comme les femmes, fumer toute la journée, se poudrer, se mettre du rouge aux lèvres, boire du whisky?

Mme Smith: Quant à moi, je m'en fiche! Mais si tu dis ça pour m'embêter, alors . . . je n'aime pas ce genre de plaisanterie, tu le sais bien! *Elle jette les chaussettes très loin et montre ses dents. Elle se lève*.*

M. Smith, *se lève à son tour et va vers sa femme, tendrement:* Oh! mon petit poulet rôti, pourquoi craches-tu du feu! tu sais bien que je dis ça pour rire! (*Il la prend par la taille et l'embrasse.*) Quel ridicule couple de vieux amoureux nous faisons! Viens, nous allons éteindre et nous allons faire dodo!

---

* Dans la mise en scène de Nicolas Bataille, Mme Smith ne montrait pas ses dents, ne jetait pas très loin les chaussettes.

passer un après-midi très agréable   to spend a very pleasant afternoon

à la sortie du cinéma   on leaving the movie-house

† **attendre**   to wait (for)   **tout seuls**   by themselves

de toute la journée   the whole day;   = aujourd'hui

faire exprès   to do on purpose   **exprès**   = délibérément
éclater de rire   to burst out laughing
pot de chambre (*m*)   chamber pot, potty
veuillez + *inf*   please + *verb*   **veuillez ouvrir**   = ouvrez, s'il vous
plaît
faire entrer (quelqu 'un)   to have (someone) come in
à droite   on the right   **à gauche**   on the left

SCÈNE II

LES MÊMES ET MARY

MARY, *entrant:* Je suis la bonne. J'ai passé un après-midi très agréable. J'ai été au cinéma avec un homme et j'ai vu un film avec des femmes. À la sortie du cinéma, nous sommes allés boire de l'eau-de-vie et du lait et puis on a lu le journal. ₅

MME SMITH: J'espère que vous avez passé un après-midi très agréable, que vous êtes allée au cinéma avec un homme et que vous avez bu de l'eau-de-vie et du lait.

M. SMITH: Et le journal!

MARY: Mme et M. Martin, vos invités, sont à la porte. Ils ₁₀ m'attendaient. Ils n'osaient pas entrer tout seuls. Ils devaient dîner avec vous, ce soir.

MME SMITH: Ah oui. Nous les attendions. Et on avait faim. Comme on ne les voyait plus venir, on allait manger sans eux. On n'a rien mangé, de toute la journée. Vous n'auriez pas dû ₁₅ vous absenter!

MARY: C'est vous qui m'avez donné la permission.

M. SMITH: On ne l'a pas fait exprès!

MARY, *éclate de rire. Puis elle pleure. Elle sourit:* Je me suis acheté un pot de chambre. ₂₀

MME SMITH: Ma chère Mary, veuillez ouvrir la porte et faites entrer M. et Mme Martin, s'il vous plaît. Nous allons vite nous habiller.

Mme et M. Smith sortent à droite. Mary ouvre la porte à gauche par laquelle entrent M. et Mme Martin. ₂₅

les époux Martin   the Martins

il faut + *inf*   = il est nécessaire de + *inf*, on doit + *inf*
à l'heure   on time   **quand même**   anyway, just the same

ils s'assoient   = ils asseyent

l'un en face de l'autre   opposite one another

d'une voix traînante   in a droning voice

mes excuses   my apologies

si je ne me trompe   if I am not mistaken (Se tromper, *like* s'abuser, savoir,
pouvoir, *and* oser, *retains its negative force without* pas.)

apercevoir   = remarquer

je suis originaire de la ville de . . .   I am from . . .

sur un ton . . .   in a . . . tone

SCÈNE III

MARY, LES ÉPOUX MARTIN

MARY : Pourquoi êtes-vous venus si tard ! Vous n'êtes pas polis.
Il faut venir à l'heure. Compris ? asseyez-vous quand même là,
et attendez, maintenant. *Elle sort.*

SCÈNE IV

LES MÊMES, MOINS MARY 5

Mme et M. Martin s'assoient l'un en face de l'autre, sans se parler. Ils se sourient, avec timidité.

M. MARTIN *(le dialogue qui suit doit être dit d'une voix traînante, monotone, un peu chantante, nullement nuancée)* :* Mes excuses, Madame, mais il me semble, si je ne me trompe, que je vous ai 10 déjà rencontrée quelque part.

MME MARTIN : À moi aussi, Monsieur, il me semble que je vous ai déjà rencontré quelque part.

M. MARTIN : Ne vous aurais-je pas déjà aperçue, Madame, à Manchester, par hasard ? 15

MME MARTIN : C'est très possible. Moi, je suis originaire de la ville de Manchester ! Mais je ne me souviens pas très bien, Monsieur, je ne pourrais pas dire si je vous y ai aperçu, ou non !

M. MARTIN : Mon Dieu, comme c'est curieux ! Moi aussi je suis originaire de la ville de Manchester, Madame ! 20

MME MARTIN : Comme c'est curieux !

M. MARTIN : Comme c'est curieux ! . . . Seulement, moi, Ma-

---

* Dans la mise en scène de Nicolas Bataille, ce dialogue était dit et joué sur un ton et dans un style sincèrement tragiques.

quitter = partir de

environ = à peu près, plus ou moins

d'une demie après huit le matin = à huit heures et demie du matin

† souvenir *(m)* memory

en deuxième classe = en classe touriste

† place *(f)* seat   † wagon *(m)* railroad car or carriage

n° = numéro *(m)* number

† représentation *(f)* performance

dame, j'ai quitté la ville de Manchester, il y a cinq semaines, environ*.

MME MARTIN : Comme c'est curieux! quelle bizarre coïncidence! Moi aussi, Monsieur, j'ai quitté la ville de Manchester, il y a cinq semaines, environ.   5

M. MARTIN : J'ai pris le train d'une demie après huit le matin, qui arrive à Londres à un quart avant cinq, Madame.

MME MARTIN : Comme c'est curieux! comme c'est bizarre! et quelle coïncidence! J'ai pris le même train, Monsieur, moi aussi!   10

M. MARTIN : Mon Dieu, comme c'est curieux! peut-être bien alors, Madame, que je vous ai vue dans le train?

MME MARTIN : C'est bien possible, ce n'est pas exclu, c'est plausible et, après tout, pourquoi pas! . . . Mais je n'en ai aucun souvenir, Monsieur!   15

M. MARTIN : Je voyageais en deuxième classe, Madame. Il n'y a pas de deuxième classe en Angleterre, mais je voyage quand même en deuxième classe.

MME MARTIN : Comme c'est bizarre, que c'est curieux, et quelle coïncidence! moi aussi, Monsieur, je voyageais en   20
deuxième classe!

M. MARTIN : Comme c'est curieux! Nous nous sommes peut-être bien rencontrés en deuxième classe, chère Madame!

MME MARTIN : La chose est bien possible et ce n'est pas du tout exclu. Mais je ne m'en souviens pas très bien, cher Monsieur!   25

M. MARTIN : Ma place était dans le wagon no 8, sixième compartiment, Madame!

MME MARTIN : Comme c'est curieux! ma place aussi était dans le wagon no 8, sixième compartiment, cher Monsieur!

M. MARTIN : Comme c'est curieux et quelle coïncidence bi-   30
zarre! Peut-être nous sommes-nous rencontrés dans le sixième compartiment, chère Madame?

MME MARTIN : C'est bien possible, après tout! Mais je ne m'en souviens pas, cher Monsieur!

---

* L'expression «environ» était remplacée, à la représentation, par «en ballon».

À vrai dire . . .   To tell the truth . . .   **moi non plus**   me neither

si j'y pense bien   if I really think it over

vis-à-vis   = en face l'un de l'autre

† **filet** *(m)*   luggage rack (made of net)
† **fumer**   to smoke

à ce moment-là   = alors

Depuis que je suis arrivé . . . j'habite   Since I arrived . . . I have been
living

M. Martin : À vrai dire, chère Madame, moi non plus je ne m'en souviens pas, mais il est possible que nous nous soyons aperçus là, et, si j'y pense bien, la chose me semble même très possible!

Mme Martin : Oh! vraiment, bien sûr, vraiment, Monsieur! 5

M. Martin : Comme c'est curieux! . . . J'avais la place no 3, près de la fenêtre, chère Madame.

Mme Martin : Oh, mon Dieu, comme c'est curieux et comme c'est bizarre, j'avais la place no 6, près de la fenêtre, en facede vous, cher Monsieur. 10

M. Martin : Oh, mon Dieu, comme c'est curieux et quelle coïncidence! . . . Nous étions donc vis-à-vis, chère Madame! C'est là que nous avons dû nous voir!

Mme Martin : Comme c'est curieux! C'est possible mais je ne m'en souviens pas, Monsieur! 15

M. Martin : À vrai dire, chère Madame, moi non plus je ne m'en souviens pas. Cependant, il est très possible que nous nous soyons vus à cette occasion.

Mme Martin : C'est vrai, mais je n'en suis pas sûre du tout, Monsieur. 20

M. Martin : Ce n'était pas vous, chère Madame, la dame qui m'avait prié de mettre sa valise dans le filet et qui ensuite m'a remercié et m'a permis de fumer?

Mme Martin : Mais si, ça devait être moi, Monsieur! Comme c'est curieux, comme c'est curieux, et quelle coïncidence! 25

M. Martin : Comme c'est curieux, comme c'est bizarre, quelle coïncidence! Eh bien alors, alors nous nous sommes peut-être connus à ce moment-là, Madame?

Mme Martin : Comme c'est curieux et quelle coïncidence! c'est bien possible, cher Monsieur! Cependant, je ne crois pas 30 m'en souvenir.

M. Martin : Moi non plus, Madame. *Un moment de silence. La pendule sonne 2-1.*

M. Martin : Depuis que je suis arrivé à Londres, j'habite rue Bromfield, chère Madame. 35

Mme Martin : Comme c'est curieux, comme c'est bizarre!

au numéro 19   in apartment 19

au cinquième étage *(m)*   on the sixth floor *In France the ground floor is the* rez-de-chaussée *(m)*.

songeur, -se   = rêveur, -se ; dreamy

au fond du corridor   at the end of the corridor

† **waters** *(m)*   toilet (water closet) ;   = cabinets *(m)*

moi aussi, depuis mon arrivée à Londres, j'habite rue Bromfield, cher Monsieur.

M. MARTIN : Comme c'est curieux, mais alors, mais alors, nous
nous sommes peut-être rencontrés rue Bromfield, chère
Madame.   5

MME MARTIN : Comme c'est curieux ; comme c'est bizarre !
c'est bien possible, après tout ! Mais je ne m'en souviens pas,
cher Monsieur.

M. MARTIN : Je demeure au no 19, chère Madame.

MME MARTIN : Comme c'est curieux, moi aussi j'habite au 10
no 19, cher Monsieur.

M. MARTIN : Mais alors, mais alors, mais alors, mais alors, mais
alors, nous nous sommes peut-être vus dans cette maison, chère
Madame ?

MME MARTIN : C'est bien possible, mais je ne m'en souviens ·15
pas, cher Monsieur.

M. MARTIN : Mon appartement est au cinquième étage, c'est le
no 8, chère Madame.

MME MARTIN : Comme c'est curieux, mon Dieu, comme c'est
bizarre ! et quelle coïncidence ! moi aussi j'habite au cinquième 20
étage, dans l'appartement no 8, cher Monsieur !

M. MARTIN, songeur : Comme c'est curieux, comme c'est
curieux, comme c'est curieux et quelle coïncidence ! vous
savez, dans ma chambre à coucher j'ai un lit. Mon lit est cou-
vert d'un édredon vert. Cette chambre, avec ce lit et son édre- 25
don vert, se trouve au fond du corridor, entre les waters et la
bibliothèque, chère Madame !

MME MARTIN : Quelle coïncidence, ah mon Dieu, quelle coïncidence ! Ma chambre à coucher a, elle aussi, un lit avec un édredon vert et se trouve au fond du corridor, entre les waters, cher 30
Monsieur, et la bibliothèque !

M. MARTIN : Comme c'est bizarre, curieux, étrange ! alors,
Madame, nous habitons dans la même chambre et nous dor-
mons dans le même lit, chère Madame. C'est peut-être là que
nous nous sommes rencontrés !   35

MME MARTIN : Comme c'est curieux et quelle coïncidence !

se presser   = se dépêcher, se hâter
se diriger vers   to approach, to head toward
tout doucement   = bien doucement, très doucement
la même voix rare, monotone, vaguement chantante   the same
singular, monotonous, and vaguely sing-song voice

sur la pointe des pieds   on tiptoe

C'est bien possible que nous nous y soyons rencontrés, et peut-être même la nuit dernière. Mais je ne m'en souviens pas, cher Monsieur !

M. MARTIN : J'ai une petite fille, ma petite fille, elle habite avec moi, chère Madame. Elle a deux ans, elle est blonde, elle a un oeil blanc et un œil rouge, elle est très jolie, elle s'appelle Alice, chère Madame.

MME MARTIN : Quelle bizarre coïncidence ! moi aussi j'ai une petite fille, elle a deux ans, un œil blanc et un œil rouge, elle est très jolie et s'appelle aussi Alice, cher Monsieur !

M. MARTIN, *même voix traînante, monotone :* Comme c'est curieux et quelle coïncidence ! et bizarre ! c'est peut-être la même, chère Madame !

MME MARTIN : Comme c'est curieux ! c'est bien possible, cher Monsieur. *Un assez long moment de silence . . . La pendule sonne vingt-neuf fois.*

M. MARTIN, *après avoir longuement réfléchi, se lève lentement et, sans se presser, se dirige vers Mme Martin qui, surprise par l'air solennel de M. Martin, s'est levée, elle aussi, tout doucement ; M. Martin a la même voix rare, monotone, vaguement chantante.*—Alors, chère Madame, je crois qu'il n'y a pas de doute, nous nous sommes déjà vus et vous êtes ma propre épouse . . . Élisabeth, je t'ai retrouvée !

MME MARTIN, *s'approche de M. Martin sans se presser. Ils s'embrassent sans expression. La pendule sonne une fois, très fort. Le coup de la pendule doit être si fort qu'il doit faire sursauter les spectateurs. Les époux Martin ne l'entendent pas.*

MME MARTIN : Donald, c'est toi, darling !

Ils s'assoient dans le même fauteuil, se tiennent embrassés et s'endorment. La pendule sonne encore plusieurs fois. Mary, sur la pointe des pieds, un doigt sur ses lèvres, entre doucement en scène et s'adresse au public.

† **enfant** *(m ou f)* child
fillette *(f)* = petite fille *(f)*
tout comme = exactement comme

ainsi = donc
anéantir = détruire, abolir
sembler = paraître

il a beau croire = ce n'est pas la peine qu'il croie, il est inutile qu'il croie, il croit en vain   **avoir beau** + *inf* to + *verb* + in vain

se tromper = faire erreur, commettre une erreur, tomber dans l'erreur

avoir intérêt à = bénéficier de

faire durer = prolonger   **tâcher de** = essayer de, tenter de

tant qu'elle veut = aussi longtemps que cela lui plaît

SCÈNE V

MARY: Élisabeth et Donald sont, maintenant, trop heureux pour pouvoir m'entendre. Je puis donc vous révéler un secret. Élisabeth n'est pas Élisabeth, Donald n'est pas Donald. En voici la preuve : l'enfant dont parle Donald n'est pas la 5 fille d'Élisabeth, ce n'est pas la même personne. La fillette de Donald a un œil blanc et un autre rouge tout comme la fillette d'Élisabeth. Mais tandis que l'enfant de Donald a l'œil blanc à droite et l'œil rouge à gauche, l'enfant d'Élisabeth, lui, a l'œil rouge à droite et le blanc à gauche ! 10 Ainsi tout le système d'argumentation de Donald s'écroule en se heurtant à ce dernier obstacle qui anéantit toute sa théorie. Malgré les coïncidences extraordinaires qui semblent être des preuves définitives, Donald et Élisabeth n'étant pas les parents du même enfant ne sont pas Donald et Élisabeth. 15 Il a beau croire qu'il est Donald, elle a beau se croire Élisabeth. Il a beau croire qu'elle est Élisabeth. Elle a beau croire qu'il est Donald : ils se trompent amèrement. Mais qui est le véritable Donald ? Quelle est la véritable Élisabeth ? Qui donc a intérêt à faire durer cette confusion ? Je n'en sais rien. Ne tâchons pas de 20 le savoir. Laissons les choses comme elles sont. *(Elle fait quelques pas vers la porte, puis revient et s'adresse au public.)* Mon vrai nom est Sherlock Holmès. *Elle sort.*

SCÈNE VI

LES MÊMES SANS MARY

La pendule sonne tant qu'elle veut. Après de nombreux instants, Mme 25
et M. Martin se séparent et reprennent les places qu'ils avaient au début.

se passer = arriver, avoir lieu
retrouver = trouver de nouveau
comme avant = comme autrefois

vêtement *(m)* = habit *(m)*

dès que = aussitôt que
vous vouliez nous faire le plaisir de venir nous voir   you were kind
enough to come and see us (*lit* you were willing to give us the pleasure of
coming to see us)
revêtir = mettre   habits de gala *(m)*   formal dress, evening clothes

Il y a quatre heures que nous vous attendons.   We have been waiting
for you for four hours.
en retard   late
souligner les répliques   to punctuate the responses
avec plus ou moins de force, selon le cas   more or less emphatically, as
the case may be
avoir l'air = sembler, paraître   embarrassé = gêné, confus
s'amorcer = commencer

être enrhumé = avoir un rhume

M. Martin : Oublions, darling, tout ce qui ne s'est pas passé entre nous et, maintenant que nous nous sommes retrouvés, tâchons de ne plus nous perdre et vivons comme avant.

Mme Martin : Oui, darling.

SCÈNE VII

LES MÊMES ET LES SMITH

5

Mme et M. Smith entrent à droite, sans aucun changement dans leurs vêtements.

Mme Smith : Bonsoir, chers amis ! excusez-nous de vous avoir fait attendre si longtemps. Nous avons pensé qu'on devait vous rendre les honneurs auxquels vous avez droit et, dès que nous 10 avons appris que vous vouliez bien nous faire le plaisir de venir nous voir sans annoncer votre visite, nous nous sommes dépêchés d'aller revêtir nos habits de gala.

M. Smith, *furieux :* Nous n'avons rien mangé toute la journée. Il y a quatre heures que nous vous attendons. Pourquoi êtes-vous 15 venus en retard ?

Mme et M. Smith s'assoient en face des visiteurs. La pendule souligne les répliques, avec plus ou moins de force, selon le cas.

Les Martin, elle surtout, ont l'air embarrassé et timide. C'est pourquoi la conversation s'amorce difficilement et les mots viennent, au début, avec 20 *peine. Un long silence gêné au début, puis d'autres silences et hésitations par la suite.*

M. Smith : Hm. *Silence.*

Mme Smith : Hm, hm. *Silence.*

Mme Martin : Hm, hm, hm. *Silence.* 25

M. Martin : Hm, hm, hm, hm. *Silence.*

Mme Martin : Oh, décidément. *Silence.*

M. Martin : Nous sommes tous enrhumés. *Silence.*

M. Smith : Pourtant il ne fait pas froid. *Silence.*

Mme Smith : Il n'y a pas de courant d'air. *Silence.* 30

M. Martin : Oh non, heureusement. *Silence.*

Ah, la la la. *expression of distress or exaggeration*

s'emmerder *(vulgaire)* to be bored *The more usual expression would be* s'embêter, *and the most polite one* s'ennuyer.
s'emmerder *(argot)* = s'ennuyer

Ce n'est pas la peine . . . Don't bother . . . , it's not worth mentioning . . .

† **assister à** =to be present at, to attend

s'amuser = se divertir

† **légume** *(m)* vegetable **cher, chère** *(au sens employé ici)* = coûteux, -se
Qu'est-ce que ça va devenir? What will that lead to?
† **vilain** *(m)*, **vilaine** *(f)* wretch; naughty, nasty, or wicked person

convenablement vêtu = correctement habillé, habillé comme il faut
même pas not even

M. Smith : Ah, la la la la. *Silence.*

M. Martin : Vous avez du chagrin ? *Silence.*

Mme Smith : Non. Il s'emmerde. *Silence.*

Mme Martin : Oh, Monsieur, à votre âge, vous ne devriez pas. *Silence.* 5

M. Smith : Le cœur n'a pas d'âge. *Silence.*

M. Martin : C'est vrai. *Silence.*

Mme Smith : On le dit. *Silence.*

Mme Martin : On dit aussi le contraire. *Silence.*

M. Smith : La vérité est entre les deux. *Silence.* 10

M. Martin : C'est juste. *Silence.*

Mme Smith, *aux époux Martin* : Vous qui voyagez beaucoup, vous devriez pourtant avoir des choses intéressantes à nous raconter.

M. Martin, *à sa femme* : Dis, chérie, qu'est-ce que tu as vu 15 aujourd'hui ?

Mme Martin : Ce n'est pas la peine, on ne me croirait pas.

M. Smith : Nous n'allons pas mettre en doute votre bonne foi !

Mme Smith : Vous nous offenseriez si vous le pensiez. 20

M. Martin, *à sa femme* : Tu les offenserais, chérie, si tu le pensais . . .

Mme Martin, *gracieuse* : Eh bien, j'ai assisté aujourd'hui à une chose extraordinaire. Une chose incroyable.

M. Martin : Dis vite, chérie. 25

M. Smith : Ah, on va s'amuser.

Mme Smith : Enfin.

Mme Martin : Eh bien, aujourd'hui, en allant au marché pour acheter des légumes qui sont de plus en plus chers . . .

Mme Smith : Qu'est-ce que ça va devenir ! 30

M. Smith : Il ne faut pas interrompre, chérie, vilaine.

Mme Martin : J'ai vu, dans la rue, à côté d'un café, un Monsieur, convenablement vêtu, âgé d'une cinquantaine d'années, même pas, qui . . .

M. Smith : Qui, quoi ? 35

Mme Smith : Qui, quoi ?

Chut. = Tais-toi.

si = oui *(en réponse à une question ou à une déclaration négative)*

tranquillement = paisiblement
† **original** *(m)* eccentric, peculiar person
porte d'entrée *(f)* main entrance

Il doit y avoir . . . There must be . . .
† **Personne.** No one. Nobody.
se rasseoir = s'asseoir de nouveau

en être to be (at a certain point)
Euh! expression of hesitation or discomfort

M. Smith, *à sa femme:* Faut pas interrompre, chérie, tu es dégoûtante.

Mme Smith: Chéri, c'est toi qui as interrompu le premier, mufle.

M. Martin: Chut. *(À sa femme.)* Qu'est-ce qu'il faisait, le Monsieur?

Mme Martin: Eh bien, vous allez dire que j'invente, il avait mis un genou par terre et se tenait penché.

M. Martin, M. Smith, Mme Smith: Oh!

Mme Martin: Oui, penché.

M. Smith: Pas possible.

Mme Martin: Si, penché. Je me suis approchée de lui pour voir ce qu'il faisait . . .

M. Smith: Eh bien?

Mme Martin: Il nouait les lacets de sa chaussure qui s'étaient défaits.

Les trois autres: Fantastique!

M. Smith: Si ce n'était pas vous, je ne le croirais pas.

M. Martin: Pourquoi pas? On voit des choses encore plus extraordinaires, quand on circule. Ainsi, aujourd'hui, moi-même, j'ai vu dans le métro, assis sur une banquette, un monsieur qui lisait tranquillement son journal.

Mme Smith: Quel original!

M. Smith: C'était peut-être le même! *On entend sonner à la porte d'entrée.*

M. Smith: Tiens, on sonne.

Mme Smith: Il doit y avoir quelqu'un. Je vais voir. *(Elle va voir. Elle ouvre et revient.)* Personne. *Elle se rassoit.*

M. Martin: Je vais vous donner un autre exemple . . . *Sonnette.*

M. Smith: Tiens, on sonne.

Mme Smith: Ça doit être quelqu'un. Je vais voir. *(Elle va voir. Elle ouvre et revient.)* Personne. *Elle revient à sa place.*

M. Martin, *qui a oublié où il en est:* Euh! . . .

Mme Martin: Tu disais que tu allais donner un autre exemple.

M. Martin: Ah oui . . . *Sonnette.*

M. Smith: Tiens, on sonne.

Comment?   What? How is that?

tout à l'heure *(au sens employé ici)*   a little while ago *(can also mean* in a little while*)*

chez quelqu'un   to someone's house

l'une l'autre   one another, each other

entêté   = têtu

avoir raison (tort)   to be right (wrong)

de nouveau   = encore une fois

faire une crise de colère   to have a temper tantrum

Mme Smith :   Je ne vais plus ouvrir.

M. Smith :   Oui, mais il doit y avoir quelqu'un !

Mme Smith :   La première fois, il n'y avait personne. La deuxième fois, non plus. Pourquoi crois-tu qu'il y aura quelqu'un maintenant ?

M. Smith :   Parce qu'on a sonné !

Mme Martin :   Ce n'est pas une raison.

M. Martin :   Comment ? Quand on entend sonner à la porte, c'est qu'il y a quelqu'un à la porte, qui sonne pour qu'on lui ouvre la porte.

Mme Martin :   Pas toujours. Vous avez vu tout à l'heure !

M. Martin :   La plupart du temps, si.

M. Smith :   Moi, quand je vais chez quelqu'un, je sonne pour entrer. Je pense que tout le monde fait pareil et que chaque fois qu'on sonne c'est qu'il y a quelqu'un.

Mme Smith :   Cela est vrai en théorie. Mais dans la réalité les choses se passent autrement. Tu as bien vu tout à l'heure.

Mme Martin :   Votre femme a raison.

M. Martin :   Oh ! vous les femmes, vous vous défendez toujours l'une l'autre.

Mme Smith :   Eh bien, je vais aller voir. Tu ne diras pas que je suis entêtée, mais tu verras qu'il n'y a personne ! *(Elle va voir. Elle ouvre la porte et la referme.)* Tu vois, il n'y a personne. *Elle revient à sa place.*

Mme Smith :   Ah ! ces hommes qui veulent toujours avoir raison et qui ont toujours tort ! *On entend de nouveau sonner*.*

M. Smith :   Tiens, on sonne. Il doit y avoir quelqu'un.

Mme Smith, *qui fait une crise de colère :*   Ne m'envoie plus ouvrir la porte. Tu as vu que c'était inutile. L'expérience nous apprend que lorsqu'on entend sonner à la porte, c'est qu'il n'y a jamais personne.

Mme Martin :   Jamais.

---

* À la représentation tous les quatre se lèvent ensemble, brusquement, à ce nouveau coup de sonnette, alarmés. Ils se rassoient pendant que M. Smith va ouvrir.

Il ne veut pas en démordre. He won't give in. He won't give an inch.

Je te dis que non. I say no. **En tout cas.** In any case.
† **déranger (quelqu'un)** to bother (someone), to disturb (someone)

jeter un regard to cast a glance, to glance

Ça ne vous regarde pas! = Ce n'est pas votre affaire!

faire la cour to court, to woo

M. Martin : Ce n'est pas sûr.

M. Smith : C'est même faux. La plupart du temps, quand on entend sonner à la porte, c'est qu'il y a quelqu'un.

Mme Smith : Il ne veut pas en démordre.

Mme Martin : Mon mari aussi est très têtu. 5

M. Smith : Il y a quelqu'un.

M. Martin : Ce n'est pas impossible.

Mme Smith, *à son mari :* Non.

M. Smith : Si.

Mme Smith : Je te dis que non. En tout cas, tu ne me dérangeras 10 plus pour rien. Si tu veux aller voir, vas-y toi-même !

M. Smith : J'y vais. *Mme Smith hausse les épaules. Mme Martin hoche la tête.*

M. Smith, *va ouvrir :* Ah ! how do you do ! *(Il jette un regard à Mme Smith et aux époux Martin qui sont tous surpris.)* C'est le 15 Capitaine des Pompiers !

SCÈNE VIII

LES MÊMES, LE CAPITAINE DES POMPIERS

Le Pompier *(il a, bien entendu, un énorme casque qui brille et un uniforme) :* Bonjour, Mesdames et Messieurs. *(Les gens sont encore un peu étonnés. Mme Smith, fâchée, tourne la tête et ne répond 20 pas à son salut.)* Bonjour, Madame Smith. Vous avez l'air fâché.

Mme Smith : Oh !

M. Smith : C'est que, voyez-vous . . . ma femme est un peu humiliée de ne pas avoir eu raison.

M. Martin : Il y a eu, Monsieur le Capitaine des Pompiers, une 25 controverse entre Mme et M. Smith.

Mme Smith, *à M. Martin :* Ça ne vous regarde pas ! *(À M. Smith.)* Je te prie de ne pas mêler les étrangers à nos querelles familiales.

M. Smith : Oh, chérie, ce n'est pas bien grave. Le Capitaine est un vieil ami de la maison. Sa mère me faisait la cour, son père, 30

. . . de quoi s'agit-il?   . . . what's the matter? . . . what's wrong?

prétendre   to claim

Ne vous énervez pas.   Don't get excited.

Eh bien, voilà.   Very well, here goes. This is it.

non point   not

C'est faux . . .   That's wrong . . .; it's not true . . .

que *(au sens employé ici)*   = quand

je le connaissais. Il m'avait demandé de lui donner ma fille en mariage quand j'en aurais une. Il est mort en attendant.

M. Martin : Ce n'est ni sa faute à lui ni la vôtre.

Le Pompier : Enfin, de quoi s'agit-il ?

Mme Smith : Mon mari prétendait . . . 5

M. Smith : Non, c'est toi qui prétendais.

M. Martin : Oui, c'est elle.

Mme Martin : Non, c'est lui.

Le Pompier : Ne vous énervez pas. Racontez-moi ça, Madame Smith. 10

Mme Smith : Eh bien, voilà. Ça me gêne beaucoup de vous parler franchement, mais un pompier est aussi un confesseur.

Le Pompier : Eh bien ?

Mme Smith : On se disputait parce que mon mari disait que lorsqu'on entend sonner à la porte, il y a toujours quelqu'un. 15

M. Martin : La chose est plausible.

Mme Smith : Et moi, je disais que chaque fois que l'on sonne, c'est qu'il n'y a personne.

Mme Martin : La chose peut paraître étrange.

Mme Smith : Pourtant elle est prouvée, non point par des dé- 20 monstrations théoriques, mais par des faits.

M. Smith : C'est faux, puisque le pompier est là. Il a sonné, j'ai ouvert, il était là.

Mme Martin : Quand ?

M. Martin : Mais tout de suite. 25

Mme Smith : Oui, mais ce n'est qu'après avoir entendu sonner une quatrième fois que l'on a trouvé quelqu'un. Et la quatrième fois ne compte pas.

Mme Martin : Toujours. Il n'y a que les trois premières qui comptent. 30

M. Smith : Monsieur le Capitaine, laissez-moi vous poser, à mon tour, quelques questions.

Le Pompier : Allez-y.

M. Smith : Quand j'ai ouvert et que je vous ai vu, c'était bien vous qui aviez sonné ? 35

Le Pompier : Oui, c'était moi.

Il y avait longtemps que vous étiez à la porte?   Had you been waiting long at the door?

en somme   = bref, somme toute

M. Martin : Vous étiez à la porte? Vous sonniez pour entrer?

Le Pompier : Je ne le nie pas.

M. Smith, *à sa femme, victorieusement :* Tu vois? j'avais raison. Quand on entend sonner, c'est que quelqu'un sonne. Tu ne peux pas dire que le Capitaine n'est pas quelqu'un. 5

Mme Smith : Certainement pas. Je te répète que je te parle seulement des trois premières fois puisque la quatrième ne compte pas.

Mme Martin : Et quand on a sonné la première fois, c'était vous? 10

Le Pompier : Non, ce n'était pas moi.

Mme Martin : Vous voyez? On sonnait et il n'y avait personne.

M. Martin : C'était peut-être quelqu'un d'autre?

M. Smith : Il y avait longtemps que vous étiez à la porte?

Le Pompier : Trois quarts d'heure. 15

M. Smith : Et vous n'avez vu personne?

Le Pompier : Personne. J'en suis sûr.

Mme Martin : Est-ce que vous avez entendu sonner la deuxième fois?

Le Pompier : Oui, ce n'était pas moi non plus. Et il n'y avait 20 toujours personne.

Mme Smith : Victoire! J'ai eu raison.

M. Smith, *à sa femme :* Pas si vite. (*Au Pompier.*) Et qu'est-ce que vous faisiez à la porte?

Le Pompier : Rien. Je restais là. Je pensais à des tas de choses. 25

M. Martin, *au Pompier :* Mais la troisième fois . . . ce n'est pas vous qui aviez sonné?

Le Pompier : Si, c'était moi.

M. Smith : Mais quand on a ouvert, on ne vous a pas vu.

Le Pompier : C'est parce que je me suis caché . . . pour rire. 30

Mme Smith : Ne riez pas, Monsieur le Capitaine. L'affaire est trop triste.

M. Martin : En somme, nous ne savons toujours pas si, lorsqu'on sonne à la porte, il y a quelqu'un ou non!

Mme Smith : Jamais personne. 35

M. Smith : Toujours quelqu'un.

des fois ... d'autres fois   sometimes, at times ... at other times

mettre au clair   = clarifier, éclaircir, élucider
mettez-vous à l'aise   make yourself comfortable

tout à fait autre chose   something else altogether
Je suis en mission de service.   I'm on duty.
... qu'est-ce qu'il y a pour votre service?   ... what can we do for you? *(pun on the last word)*

montrer du doigt   to point at

Ne vous gênez pas.   Make yourself at home. Don't stand on ceremony.
ne pas se gêner   = se mettre à l'aise

† **confus**   embarrassed

Il ne doit rien y avoir.   I'm certain there's nothing.
Ça ne sent pas le roussi.   It doesn't smell of (something) burning.

Le Pompier : Je vais vous mettre d'accord. Vous avez un peu raison tous les deux. Lorsqu'on sonne à la porte, des fois il y a quelqu'un, d'autres fois il n'y a personne.

M. Martin : Ça me paraît logique.

Mme Martin : Je le crois aussi.   5

Le Pompier : Les choses sont simples, en réalité. *(Aux époux Smith.)* Embrassez-vous.

Mme Smith : On s'est déjà embrassé tout à l'heure.

M. Martin : Ils s'embrasseront demain. Ils ont tout le temps.

Mme Smith : Monsieur le Capitaine, puisque vous nous avez 10 aidés à mettre tout cela au clair, mettez-vous à l'aise, enlevez votre casque et asseyez-vous un instant.

Le Pompier : Excusez-moi, mais je ne peux pas rester long-temps. Je veux bien enlever mon casque, mais je n'ai pas le temps de m'asseoir. *(Il s'assoit, sans enlever son casque.)* Je vous 15 avoue que je suis venu chez vous pour tout à fait autre chose. Je suis en mission de service.

Mme Smith : Et qu'est-ce qu'il y a pour votre service, Monsieur le Capitaine ?

Le Pompier : Je vais vous prier de vouloir bien excuser mon 20 indiscrétion *(très embarrassé)* ; euh *(il montre du doigt les époux Martin)* . . . puis-je . . . devant eux . . .

Mme Martin : Ne vous gênez pas.

M. Martin : Nous sommes de vieux amis. Ils nous racontent tout.

M. Smith : Dites.   25

Le Pompier : Eh bien, voilà. Est-ce qu'il y a le feu chez vous ?

Mme Smith : Pourquoi nous demandez-vous ça ?

Le Pompier : C'est parce que . . . excusez-moi, 'ai l'ordre d'éteindre tous les incendies dans la ville.

Mme Martin : Tous ?   30

Le Pompier : Oui, tous.

Mme Smith, *confuse :* Je ne sais pas . . . je ne crois pas, voulez-vous que j'aille voir ?

M. Smith, *reniflant :* Il ne doit rien y avoir. Ça ne sent pas le roussi*.   35

N'y manquez pas, vous me rendriez service.   Don't fail to do so, you'd be doing me a favor.

C'est promis.   I promise. It's a promise.

. . . ça ne brûle pas non plus?   . . . there's no fire either? (*This may suggest a play on words:* brûler *can also mean* to burn with passion, to be ardent.)

† **affaires** *(f pl)*   business

Ça ne rapporte pas.   There is no profit in it. It does not bring in anything.

† **prime** *(f)*   bonus, subsidy

Rien ne va.   = Rien ne marche. Ça ne marche pas.

tout de même   all the same, even so

au gaz   by gas

Rien à faire.   Nothing doing. No go.   † **assurer**   to insure

46

Le Pompier, *désolé:* Rien du tout? Vous n'auriez pas un petit feu de cheminée, quelque chose qui brûle dans le grenier ou dans la cave? Un petit début d'incendie, au moins?

Mme Smith: Écoutez, je ne veux pas vous faire de la peine mais je pense qu'il n'y a rien chez nous pour le moment. Je vous promets de vous avertir dès qu'il y aura quelque chose.

Le Pompier: N'y manquez pas, vous me rendriez service.

Mme Smith: C'est promis.

Le Pompier, *aux époux Martin:* Et chez vous, ça ne brûle pas non plus?

Mme Martin: Non, malheureusement.

M. Martin, *au Pompier:* Les affaires vont plutôt mal, en ce moment!

Le Pompier: Très mal. Il n'y a presque rien, quelques bricoles, une cheminée, une grange. Rien de sérieux. Ça ne rapporte pas. Et comme il n'y a pas de rendement, la prime à la production est très maigre.

M. Smith: Rien ne va. C'est partout pareil. Le commerce, l'agriculture, cette année c'est comme pour le feu, ça ne marche pas.

M. Martin: Pas de blé, pas de feu.

Le Pompier: Pas d'inondation non plus.

Mme Smith: Mais il y a du sucre.

M. Smith: C'est parce qu'on le fait venir de l'étranger.

Mme Martin: Pour les incendies, c'est plus difficile. Trop de taxes!

Le Pompier: Il y a tout de même, mais c'est assez rare aussi, une asphyxie au gaz, ou deux. Ainsi, une jeune femme s'est asphyxiée, la semaine dernière, elle avait laissé le gaz ouvert.

Mme Martin: Elle l'avait oublié?

Le Pompier: Non, mais elle a cru que c'était son peigne.

M. Smith: Ces confusions sont toujours dangereuses!

Mme Smith: Est-ce que vous êtes allé voir chez le marchand d'allumettes?

Le Pompier: Rien à faire. Il est assuré contre l'incendie.

de ma part   on my behalf

le vicaire de Wakefield   The Vicar of Wakefield *is a sentimental novel by Oliver Goldsmith, an English writer (1728-1774).*

se fâcher   = se mettre en colère, se vexer, s'emporter, s'irriter

les vestales *(f pl)*   *In the Roman religion,* vestal virgins *were consecrated to the goddess Vesta; they watched the sacred fires which were kept perpetually burning upon Vesta's altar.*

le feu s'y est mis   the fire started

quand même   nevertheless

histoires de pompier *(f pl)*   firemen's stories *An amusing allusion in French: as an adjective* pompier *carries slightly ridiculous associations.* Un écrivain pompier *is one who is bombastic;* le style pompier *refers to an overemphatic, pretentious style.*

histoires vécues   real-life stories

† **expérimenté**   experienced   **C'est exact . . .**   = C'est cela . . . ; c'est juste . . .

gêner (quelqu'un) *(au sens employé ici)*   = intimider (quelqu'un)

48

M. Martin : Allez donc voir, de ma part, le vicaire de Wake-field !

Le Pompier : Je n'ai pas le droit d'éteindre le feu chez les prêtres. L'Évêque se fâcherait. Ils éteignent leurs feux tout seuls ou bien ils le font éteindre par des vestales. 5

M. Smith : Essayez voir chez Durand.

Le Pompier : Je ne peux pas non plus. Il n'est pas Anglais. Il est naturalisé seulement. Les naturalisés ont le droit d'avoir des maisons mais pas celui de les faire éteindre si elles brûlent.

Mme Smith : Pourtant, quand le feu s'y est mis l'année dernière, 10 on l'a bien éteint quand même !

Le Pompier : Il a fait ça tout seul. Clandestinement. Oh, c'est pas moi qui irais le dénoncer.

M. Smith : Moi non plus.

Mme Smith : Puisque vous n'êtes pas trop pressé, Monsieur le 15 Capitaine, restez encore un peu. Vous nous feriez plaisir.

Le Pompier : Voulez-vous que je vous raconte des anecdotes ?

Mme Smith : Oh, bien sûr, vous êtes charmant. *Elle l'embrasse.*

M. Smith, Mme Martin, M. Martin : Oui, oui, des anecdotes, bravo ! *Ils applaudissent.* 20

M. Smith : Et ce qui est encore plus intéressant, c'est que les histoires de pompier sont vraies, toutes, et vécues.

Le Pompier : Je parle de choses que j'ai expérimentées moi-même. La nature, rien que la nature. Pas les livres.

M. Martin : C'est exact, la vérité ne se trouve d'ailleurs pas 25 dans les livres, mais dans la vie.

Mme Smith : Commencez !

M. Martin : Commencez !

Mme Martin : Silence, il commence.

Le Pompier *toussote plusieurs fois :* Excusez-moi, ne me regardez 30 pas comme ça. Vous me gênez. Vous savez que je suis timide.

Mme Smith : Il est charmant ! *Elle l'embrasse.*

Le Pompier : Je vais tâcher de commencer quand même. Mais promettez-moi de ne pas écouter.

Mme Martin : Mais, si on n'écoutait pas, on ne vous entendrait 35 pas.

En conséquence... As a result . . . , consequently . . .

mettre au monde = donner naissance à, accoucher de

À la mode de Caen. In the manner of cooking of Caen, a city in Normandy.

tripes à la mode de Caen *(f pl)* *a well-known French dish whose chief ingredient is honeycomb tripe*

faire le (la) . . . to act like a . . . , to make like a . . . † **chance** *(f)* luck

par contre = en revanche, au contraire

Le Pompier : Je n'y avais pas pensé !

Mme Smith : Je vous l'avais dit : c'est un gosse.

M. Martin, M. Smith : Oh, le cher enfant ! *Ils l'embrassent**.

Mme Martin : Courage.

Le Pompier : Eh bien, voilà. *(Il toussote encore, puis commence* 5
d'une voix que l'émotion fait trembler.) «Le Chien et le bœuf»,
fable expérimentale : une fois, un autre bœuf demandait à un
autre chien : pourquoi n'as-tu pas avalé ta trompe ? Pardon, répondit le chien, c'est parce que j'avais cru que j'étais éléphant.

Mme Martin : Quelle est la morale ? 10

Le Pompier : C'est à vous de la trouver.

M. Smith : Il a raison.

Mme Smith, *furieuse :* Une autre.

Le Pompier : Un jeune veau avait mangé trop de verre pilé. En
conséquence, il fut obligé d'accoucher. Il mit au monde une 15
vache. Cependant, comme le veau était un garçon, la vache ne
pouvait pas l'appeler «maman». Elle ne pouvait pas lui dire
«papa» non plus, parce que lè veau était trop petit. Le veau fut
donc obligé de se marier avec une personne et la mairie prit alors
toutes les mesures édictées par les circonstances à la mode. 20

M. Smith : À la mode de Caen.

M. Martin : Comme les tripes.

Le Pompier : Vous la connaissiez donc ?

Mme Smith : Elle était dans tous les journaux.

Mme Martin : Ça s'est passé pas loin de chez nous. 25

Le Pompier : Je vais vous en dire une autre. «Le Coq». Une
fois, un coq voulut faire le chien. Mais il n'eut pas de chance,
car on le reconnut tout de suite.

Mme Smith : Par contre, le chien qui voulut faire le coq n'a
jamais été reconnu. 30

M. Smith : Je vais vous en dire une, à mon tour : «Le Serpent et
le renard». Une fois, un serpent s'approchant d'un renard lui dit :
«Il me semble que je vous connais !» Le renard lui répondit :
«Moi aussi.» «Alors, dit le serpent, donnez-moi de l'argent.»

---

* Dans la mise en scène de Nicolas Bataille, on n'embrasse pas le pompier.

d'un rire méphistophélique   with a diabolical laugh, with a Mephisto-
phelian laugh *The devil Mephistopheles appears in Goethe's drama* Faust.

vif   *(au sens employé ici)*   = rapide, alerte

en plein front   right in the middle of his forehead

tout en s'écriant   (while) crying out, exclaiming at the same time

serrer la main à (quelqu'un)   to shake hands with (someone)

Pas fameuse.   Not so great. Mediocre.   † fameux, -se *(au sens employé ici)*
first-rate *(ironic here)*

Et puis . . .   And anyway . . .

Le bouquet   *(m)*   The bouquet *Humorous association with the expression* C'est le
bouquet (That's the last straw).

par-ci, par-là   hither and yon

même   *(au sens employé ici)*   itself, incarnate

«Un renard ne donne pas d'argent», répondit le rusé animal qui, pour s'échapper, sauta dans une vallée profonde pleine de fraisiers et de miel de poule. Le serpent l'y attendait déjà, en riant d'un rire méphistophélique. Le renard sortit son couteau en hurlant : «Je vais t'apprendre à vivre!», puis s'enfuit, en tournant le dos. Il n'eut pas de chance. Le serpent fut plus vif. D'un coup de poing bien choisi, il frappe le renard en plein front, qui se brisa en mille morceaux, tout en s'écriant : «Non! Non! Quatre fois non! Je ne suis pas ta fille*.»

MME MARTIN : C'est intéressant.

MME SMITH : C'est pas mal.

M. MARTIN *(il serre la main à M. Smith)* : Mes félicitations.

LE POMPIER, *jaloux* : Pas fameuse. Et puis, je la connaissais.

M. SMITH : C'est terrible.

MME SMITH : Mais ça n'a pas été vrai.

MME MARTIN : Si. Malheureusement.

M. MARTIN, *à Mme Smith* : C'est votre tour, Madame.

MME SMITH : J'en connais une seule. Je vais vous la dire. Elle s'intitule : «Le Bouquet».

M. SMITH : Ma femme a toujours été romantique.

M. MARTIN : C'est une véritable Anglaise§.

MME SMITH : Voilà : une fois, un fiancé avait apporté un bouquet de fleurs à sa fiancée qui lui dit *merci*; mais avant qu'elle lui eût dit *merci*, lui, sans dire un seul mot, lui prit les fleurs qu'il lui avait données pour lui donner une bonne leçon et, lui disant *je les reprends*, il lui dit *au revoir* en les reprenant et s'éloigna par-ci, par-là.

M. MARTIN : Oh, charmant! *Il embrasse ou n'embrasse pas Mme Smith.*

MME MARTIN : Vous avez une femme, Monsieur Smith, dont tout le monde est jaloux.

M. SMITH : C'est vrai. Ma femme est l'intelligence même. Elle

---

* Cette anecdote a été supprimée à la représentation. M. Smith faisait seulement les gestes, sans sortir aucun son de sa bouche.
§ Ces deux répliques se répétaient trois fois à la représentation.

Je vous en prie. Please.

Je vous en supplie. I beg of you.

Soit. So be it. Agreed.

en secondes noces in his second marriage

s'éprendre de = tomber amoureux de
intrépide = hardi, audacieux

se marier avec = épouser

est même plus intelligente que moi. En tout cas, elle est beau-coup plus féminine. On le dit.

MME SMITH, *au Pompier:*   Encore une, Capitaine.

LE POMPIER :   Oh non, il est trop tard.

M. MARTIN :   Dites quand même.

LE POMPIER :   Je suis trop fatigué.

M. SMITH :   Rendez-nous ce service.

M. MARTIN :   Je vous en prie.

LE POMPIER :   Non.

MME MARTIN :   Vous avez un cœur de glace. Nous sommes sur des charbons ardents.

MME SMITH, *tombe à ses genoux, en sanglotant, ou ne le fait pas:*   Je vous en supplie.

LE POMPIER :   Soit.

M. SMITH, *à l'oreille de Mme Martin:*   Il accepte ! Il va encore nous embêter.

MME MARTIN :   Zut.

MME SMITH :   Pas de chance. J'ai été trop polie.

LE POMPIER :   «Le Rhume.» Mon beau-frère avait, du côté pater-nel, un cousin germain dont un oncle maternel avait un beau-père dont le grand-père paternel avait épousé en secondes noces une jeune indigène dont le frère avait rencontré, dans un de ses voyages, une fille dont il s'était épris et avec laquelle il eut un fils qui se maria avec une pharmacienne intrépide qui n'était autre que la nièce d'un quartier-maître inconnu de la Marine britannique et dont le père adoptif avait une tante parlant couramment l'espagnol et qui était, peut-être, une des petites-filles d'un ingénieur, mort jeune, petit-fils lui-même d'un pro-priétaire de vignes dont on tirait un vin médiocre, mais qui avait un petit-cousin, casanier, adjudant, dont le fils avait épousé une bien jolie jeune femme, divorcée, dont le premier mari était le fils d'un sincère patriote qui avait su élever dans le désir de faire fortune une de ses filles qui put se marier avec un chasseur qui avait connu Rothschild et dont le frère, après avoir changé plusieurs fois de métier, se maria et eut une fille dont le bisaïeul, chétif, portait des lunettes que lui avait données un

un sien cousin *archaic or affected for* un de ses cousins

fils naturel illegitimate son, bastard

frère de lait *(m)* foster brother *"brother" in the sense that he shared a wet-nurse with one or more children*

ancien médecin de campagne former country doctor

† **ancien, -ne** former *(when it precedes the noun)*; old, ancient *(when it follows the noun)*

de bonne heure *(au sens employé ici)* early in life

plein d'entrain lively *(Note puns on the words* train, gare, chemin de fer.*)*

chef de gare *(m)* station master (Le chef de gare est cocu *is a common humorous reference to the proverbial cuckoldry of station masters in France.*)

chemin de fer *(m)* railroad; gambling game of cards *Note pun on* faire son chemin (to make one's way).

marchande de neuf saisons *(f)* *humorous exaggeration of* marchand de quatre saisons *(m)* open-air vendor of fresh produce

institutrice blonde *Ionesco's first title for* La Cantatrice chauve *(see Introduction)*

pêcher à la ligne to fish with rod and line

ligne morte *pun on* dead telephone line

attraper un rhume = s'enrhumer

parfois = quelquefois, à certains moments, de temps à autre, de temps en temps

précaution inutile *(f)* La Précaution inutile *is the subtitle of an 18th century comedy,* Le Barbier de Séville *by the French playwright Beaumarchais (1732–1799).*

sien cousin, beau-frère d'un Portugais, fils naturel d'un meunier, pas trop pauvre, dont le frère de lait avait pris pour femme la fille d'un ancien médecin de campagne, lui-même frère de lait du fils d'un laitier, lui-même fils naturel d'un autre médecin de campagne, marié trois fois de suite, dont la troi- 5 sième femme . . .

M. MARTIN : J'ai connu cette troisième femme, si je ne me trompe. Elle mangeait du poulet dans un guêpier.

LE POMPIER : C'était pas la même.

MME SMITH : Chut ! 10

LE POMPIER : Je dis : . . . dont la troisième femme était la fille de la meilleure sage-femme de la région et qui, veuve de bonne heure . . .

M. SMITH : Comme ma femme.

LE POMPIER : . . . s'était remariée avec un vitrier, plein d'en- 15 train, qui avait fait, à la fille d'un chef de gare, un enfant qui avait su faire son chemin dans la vie . . .

MME SMITH : Son chemin de fer . . .

M. MARTIN : Comme aux cartes.

LE POMPIER : Et avait épousé une marchande de neuf saisons, 20 dont le père avait un frère, maire d'une petite ville, qui avait pris pour femme une institutrice blonde dont le cousin, pêcheur à la ligne . . .

M. MARTIN : À la ligne morte ?

LE POMPIER : . . . avait pris pour femme une autre institutrice 25 blonde, nommée elle aussi Marie, dont le frère s'était marié à une autre Marie, toujours institutrice blonde . . .

M. SMITH : Puisqu'elle est blonde, elle ne peut être que Marie.

LE POMPIER : . . . et dont le père avait été élevé au Canada par une vieille femme qui était la nièce d'un curé dont la grand- 30 mère attrapait, parfois, en hiver, comme tout le monde, un rhume.

MME SMITH : Curieuse histoire. Presque incroyable.

M. MARTIN : Quand on s'enrhume, il faut prendre des rubans.

M. SMITH : C'est une précaution inutile, mais absolument 35 nécessaire.

prêtre . . . s'empêtre . . . pattes *Note the alliteration in these nonsensical pro-nouncements.* **s'empêtrer** to become entangled, to become bogged down

De quoi vous mêlez-vous? What business is it of yours?

Et comment donc! And how!

58

MME MARTIN : Excusez-moi, Monsieur le Capitaine, je n'ai pas très bien compris votre histoire. À la fin, quand on arrive à la grand-mère du prêtre, on s'empêtre.

M. SMITH : Toujours, on s'empêtre entre les pattes du prêtre.

MME SMITH : Oh oui, Capitaine, recommencez! tout le monde 5 vous le demande.

LE POMPIER : Ah! je ne sais pas si je vais pouvoir. Je suis en mission de service. Ça dépend de l'heure qu'il est.

MME SMITH : Nous n'avons pas l'heure, chez nous.

LE POMPIER : Mais la pendule? 10

M. SMITH : Elle marche mal. Elle a l'esprit de contradiction. Elle indique toujours le contraire de l'heure qu'il est.

SCÈNE IX

LES MÊMES, AVEC MARY

MARY : Madame . . . Monsieur . . .

MME SMITH : Que voulez-vous? 15

M. SMITH : Que venez-vous faire ici?

MARY : Que Madame et Monsieur m'excusent . . . et ces Dames et Messieurs aussi . . . je voudrais . . . je voudrais . . . à mon tour . . . vous dire une anecdote.

MME MARTIN : Qu'est-ce qu'elle dit? 20

M. MARTIN : Je crois que la bonne de nos amis devient folle . . . Elle veut dire elle aussi une anecdote.

LE POMPIER : Pour qui se prend-elle? *(Il la regarde.)* Oh!

MME SMITH : De quoi vous mêlez-vous?

M. SMITH : Vous êtes vraiment déplacée, Mary . . . 25

LE POMPIER : Oh! mais c'est elle! Pas possible.

M. SMITH : Vous aussi?

MARY : Pas possible! ici?

MME SMITH : Qu'est-ce que ça veut dire, tout ça!

M. SMITH : Vous êtes amis? 30

LE POMPIER : Et comment donc! *Mary se jette au cou du pompier.*

C'est trop fort...   = C'est le comble...

C'est elle qui a éteint mes premiers feux.   She's the one who put out my
first fires. *This is a further example of the* style pompier *(see notes p. 49, l. 22).*

S'il en est ainsi...   If that's the case...

Ne vous en faites pas!   Don't get upset!

† **grâce à**   thanks to

MARY: Heureuse de vous revoir . . . enfin !

M. et Mme SMITH: Oh !

M. SMITH: C'est trop fort, ici, chez nous, dans les environs de Londres.

MME SMITH: Ce n'est pas convenable ! . . . 5

LE POMPIER: C'est elle qui a éteint mes premiers feux.

MARY: Je suis son petit jet d'eau.

M. MARTIN: S'il en est ainsi . . . chers amis . . . ces sentiments sont explicables, humains, honorables . . .

MME MARTIN: Tout ce qui est humain est honorable. 10

MME SMITH: Je n'aime quand même pas la voir là . . . parmi nous . . .

M. SMITH: Elle n'a pas l'éducation nécessaire . . .

LE POMPIER: Oh, vous avez trop de préjugés.

MME MARTIN: Moi je pense qu'une bonne, en somme, bien que 15 cela ne me regarde pas, n'est jamais qu'une bonne . . .

M. MARTIN: Même si elle peut faire, parfois, un assez bon détective.

LE POMPIER: Lâche-moi.

MARY: Ne vous en faites pas ! . . . Ils ne sont pas si méchants 20 que ça.

M. SMITH: Hum . . . hum . . . vous êtes attendrissants, tous les deux, mais aussi un peu . . . un peu . . .

M. MARTIN: Oui, c'est bien le mot.

M. SMITH: . . . Un peu trop voyants . . . 25

M. MARTIN: Il y a une pudeur britannique, excusez-moi encore une fois de préciser ma pensée, incomprise des étrangers, même spécialistes, grâce à laquelle, pour m'exprimer ainsi . . . enfin, je ne dis pas ça pour vous . . .

MARY: Je voulais vous raconter . . . 30

M. SMITH: Ne racontez rien . . .

MARY: Oh si !

MME SMITH: Allez, ma petite Mary, allez gentiment à la cuisine y lire vos poèmes, devant la glace . . .

M. MARTIN: Tiens, sans être bonne, moi aussi je lis des poèmes 35 devant la glace.

. . . c'est entendu?   . . . is that all right?

prendre feu   to catch fire

MME MARTIN : Ce matin, quand tu t'es regardé dans la glace tu
ne t'es pas vu.
M. MARTIN : C'est parce que je n'étais pas encore là . . .
MARY : Je pourrais, peut-être, quand même vous réciter un
petit poème. 5
MME SMITH : Ma petite Mary, vous êtes épouvantablement
têtue.
MARY : Je vais vous réciter un poème, alors, c'est entendu ? C'est
un poème qui s'intitule «le Feu» en l'honneur du Capitaine.

LE FEU 10

Les polycandres brillaient dans les bois
Une pierre prit feu
Le château prit feu
La forêt prit feu
Les hommes prirent feu 15
Les femmes prirent feu
Les oiseaux prirent feu
Les poissons prirent feu
L'eau prit feu
Le ciel prit feu 20
La cendre prit feu
La fumée prit feu
Le feu prit feu
Tout prit feu
Prit feu, prit feu. 25

Elle dit le poème poussée par les Smith hors de la pièce.

SCÈNE X

LES MÊMES, SANS MARY

MME MARTIN : Ça m'a donné froid dans le dos . . .
M. MARTIN : Il y a pourtant une certaine chaleur dans ces
vers . . . 30

avoir l'heure to have the time (on one's watch)

feu de paille *(m)* a short, sudden blaze
brûlure d'estomac *(f)* heartburn

cartésien Cartesian: *adjective derived from the name of René Descartes (1596–1650), French philosopher, mathematician, physicist. He is widely considered to be the founder of modern philosophy.*

de la même façon in the same way

Bonne chance . . . Good luck . . .

LE POMPIER :   J'ai trouvé ça merveilleux.

MME SMITH :   Tout de même . . .

M. SMITH :   Vous exagérez . . .

LE POMPIER :   Écoutez, c'est vrai . . . tout ça c'est très sub- jectif . . . mais ça c'est ma conception du monde. Mon rêve. 5 Mon idéal . . . et puis ça me rappelle que je dois partir. Puisque vous n'avez pas l'heure, moi, dans trois quarts d'heure et seize minutes exactement j'ai un incendie, à l'autre bout de la ville. Il faut que je me dépêche. Bien que ce ne soit pas grand-chose. 10

MME SMITH :   Qu'est-ce que ce sera ? Un petit feu de cheminée ?

LE POMPIER :   Oh même pas. Un feu de paille et une petite brûlure d'estomac.

M. SMITH :   Alors, nous regrettons votre départ.

MME SMITH :   Vous avez été très amusant. 15

MME MARTIN :   Grâce à vous, nous avons passé un vrai quart d'heure cartésien.

LE POMPIER, *se dirige vers la sortie, puis s'arrête :*   À propos, et la Cantatrice chauve ? *Silence général*, *gêne.*

MME SMITH :   Elle se coiffe toujours de la même façon ! 20

LE POMPIER :   Ah ! Alors au revoir, Messieurs-Dames.

M. MARTIN :   Bonne chance, et bon feu !

LE POMPIER :   Espérons-le. Pour tout le monde. *Le Pompier s'en va. Tous le conduisent jusqu'à la porte et reviennent à leurs places.*

SCÈNE XI*

LES MÊMES, SANS LE POMPIER 25

MME MARTIN :   Je peux acheter un couteau de poche pour mon frère, vous ne pouvez pas acheter l'Irlande pour votre grand- père.

---

* For a detailed explanation of this scene in French, see p. 75.

penser à = réfléchir à, songer à

. . . c'est une façon de parler. . . . it's a manner of speaking.

apprendre à lire aux enfants to teach children to read

cependant que = tandis que

Drôle de famille ! Curious family !

aimer mieux = préférer

Plutôt . . . que . . . I would rather . . . than . . .

M. Smith : On marche avec les pieds, mais on se réchauffe à l'électricité ou au charbon.

M. Martin : Celui qui vend aujourd'hui un bœuf, demain aura un œuf.

Mme Smith : Dans la vie, il faut regarder par la fenêtre.

Mme Martin : On peut s'asseoir sur la chaise, lorsque la chaise n'en a pas.

M. Smith : Il faut toujours penser à tout.

M. Martin : Le plafond est en haut, le plancher est en bas.

Mme Smith : Quand je dis oui, c'est une façon de parler.

Mme Martin : À chacun son destin.

M. Smith : Prenez un cercle, caressez-le, il deviendra vicieux !

Mme Smith : Le maître d'école apprend à lire aux enfants, la chatte allaite ses petits quand ils sont petits.

Mme Martin : Cependant que la vache nous donne ses queues.

M. Smith : Quand je suis à la campagne, j'aime la solitude et le calme.

M. Martin : Vous n'êtes pas encore assez vieux pour cela.

Mme Smith : Benjamin Franklin avait raison : vous êtes moins tranquille que lui.

Mme Martin : Quels sont les sept jours de la semaine ?

M. Smith : Monday, Tuesday, Wednesday, Thursday, Friday, Saturday, Sunday.

M. Martin : Edward is a clerk ; his sister Nancy is a typist, and his brother William a shop-assistant.

Mme Smith : Drôle de famille !

Mme Martin : J'aime mieux un oiseau dans un champ qu'une chaussette dans une brouette.

M. Smith : Plutôt un filet dans un chalet, que du lait dans un palais.

M. Martin : La maison d'un Anglais est son vrai palais.

Mme Smith : Je ne sais pas assez d'espagnol pour me faire comprendre.

Mme Martin : Je te donnerai les pantoufles de ma belle-mère si tu me donnes le cercueil de ton mari.

monophysite *The Monophysites adhered to the doctrine that there was but a single, divine nature in the person of Christ.*

marier = donner en mariage (*ne pas confondre avec* se marier avec quelqu'un = épouser quelqu'un)

Le pain est un arbre ... *pun on* arbre à pain (*m* breadfruit tree) *as well as on* pin (*m* pine tree)

... ça ne regarde pas la sage-femme. ... that doesn't concern the midwife.

À bas ...! Down with ...!

cirage *(m)* *To the usual meanings of* waxing, shoe polishing *and* shoe blacking *may be added colloquial meanings,* darkness *and* blackness. Être dans le cirage *can mean* to be in the dark, to be at sea, to be befuddled, to feel low; *some of these meanings may be associated with the* "blackout" *that follows.*

à la suite de = suivant, après

d'abord = au début, premièrement, au commencement

aller en grandissant to keep increasing, to continue to grow, to keep on growing

† **crier** to shout

Kakatoès =**Cacatoès** *(m)* Cockatoo

cacade *(f)* ridiculous failure, mess

Kakotoès ... cacade ... cascade *(ff)* *Note repetition of sounds that evoke* caca, *a scatological term.*

M. Smith :   Je cherche un prêtre monophysite pour le marier avec notre bonne.

M. Martin :   Le pain est un arbre tandis que le pain est aussi un arbre, et du chêne naît un chêne, tous les matins à l'aube.

Mme Smith :   Mon oncle vit à la campagne mais ça ne regarde pas la sage-femme.

M. Martin :   Le papier c'est pour écrire, le chat c'est pour le rat. Le fromage c'est pour griffer.

Mme Smith :   L'automobile va très vite, mais la cuisinière prépare mieux les plats.

M. Smith :   Ne soyez pas dindons, embrassez plutôt le conspirateur.

M. Martin :   Charity begins at home.

Mme Smith :   J'attends que l'aqueduc vienne me voir à mon moulin.

M. Martin :   On peut prouver que le progrès social est bien meilleur avec du sucre.

M. Smith :   À bas le cirage !

À la suite de cette dernière réplique de M. Smith, les autres se taisent un instant, stupéfaits. On sent qu'il y a un certain énervement. Les coups que frappe la pendule sont plus nerveux aussi. Les répliques qui suivent doivent être dites, d'abord, sur un ton glacial, hostile. L'hostilité et l'énervement iront en grandissant. À la fin de cette scène, les quatre personnages devront se trouver debout, tout près les uns des autres, criant leurs répliques, levant les poings, prêts à se jeter les uns sur les autres.

M. Martin :   On ne fait pas briller ses lunettes avec du cirage noir.

Mme Smith :   Oui, mais avec l'argent on peut acheter tout ce qu'on veut.

M. Martin :   J'aime mieux tuer un lapin que de chanter dans le jardin.

M. Smith :   Kakatoès, kakatoès, kakatoès, kakatoès, kakatoès, kakatoès, kakatoès, kakatoès, kakatoès, kakatoès.

Mme Smith :   Quelle cacade, quelle cacade, quelle cacade, quelle cacade, quelle cacade, quelle cacade, quelle cacade, quelle cacade, quelle cacade.

coccyx *(m)* coccyx, tail bone, end of the vertebral column in man and certain apes

coccus *a jocular Latinization of* cocu (cuckold)

cocardard jingoist, flag waver *This is a pejorative noun derived from the adjective* cocardier (fond of the cockade or rosette of ribbons, fond of the military uniform).

encaqueur *(m)* herring packer

encaquer to barrel herrings, to pack in a barrel

tout grand very wide

grincer des dents to grind one's teeth

Caïman American crocodile; teaching assistant *(slang)*

Ulysse Ulysses (Odysseus) *Hero of Homer's epic poem,* The Odyssey.

s'en aller to go off, to go away, to leave

cagna *(f)* hut

cacaoyer *(m)* cacao tree (from which cocoa and chocolate are derived)

cacaoyère *(f)* cacao tree plantation

cacahuète *(f)* peanut **cacao** *(m)* cocoa

babouche *(f)* heelless Turkish slipper

mouche *(f)* fly

moucher to blow or wipe the nose

touche *(f)* piano key; stroke, style

chasse-mouche *(m)* fly swatter; fly net

escarmoucheur *(m)* skirmisher **escarmouché** bickered, skirmished

Scaramouche! *(lit)* Skirmish! *A famous swashbuckling hero, named after the 17th century actor who incarnated the role.*

Sainte-Nitouche! Miss Prude! *Derived from* N'y touchez pas: Don't touch (me).

T'en as une couche! *(fam)* You're stupid! You're a jackass!

emboucher to put to one's mouth, to sound *(like a wind instrument: cf em-bouchure in both French and English)*

cartouche *(f)* cartridge

N'y touchez pas, elle est brisée. *For an explanation of this poetic allusion, see p. 79.*

Sully Prudhomme Minor Parnassian poet (1839–1907). *The school of Parnasse was known for the formal perfection of its poetry.*

M. Martin : Quelle cascade de cacades, quelle cascade de cacades, quelle cascade de cacades, quelle cascade de cacades, quelle cascade de cacades, quelle cascade de cacades, quelle cascade de cacades. quelle cascade de cacades.

M. Smith : Les chiens ont des puces, les chiens ont des puces. 5

Mme Martin : Cactus, Coccyx ! coccus ! cocardard ! cochon !

Mme Smith : Encaqueur, tu nous encaques.

M. Martin : J'aime mieux pondre un œuf que voler un bœuf.

Mme Martin, *ouvrant tout grand la bouche:* Ah ! oh ! ah ! oh ! laissez-moi grincer des dents. 10

M. Smith : Caïman !

M. Martin : Allons gifler Ulysse.

M. Smith : Je m'en vais habiter ma cagna dans mes cacaoyers.

Mme Martin : Les cacaoyers des cacaoyères donnent pas des cacahuètes, donnent du cacao ! Les cacaoyers des cacaoyères 15 donnent pas des cacahuètes, donnent du cacao ! Les cacaoyers des cacaoyères donnent pas des cacahuètes, donnent du cacao.

Mme Smith : Les souris ont des sourcils, les sourcils n'ont pas de souris.

Mme Martin : Touche pas ma babouche ! 20

M. Martin : Bouge pas la babouche !

M. Smith : Touche la mouche, mouche pas la touche.

Mme Martin : La mouche bouge.

Mme Smith : Mouche ta bouche.

M. Martin : Mouche le chasse-mouche, mouche le chasse- 25 mouche.

M. Smith : Escarmoucheur escarmouché !

Mme Martin : Scaramouche !

Mme Smith : Sainte-Nitouche !

M. Martin : T'en as une couche ! 30

M. Smith : Tu m'embouches.

Mme Martin : Sainte-Nitouche touche ma cartouche.

Mme Smith : N'y touchez pas, elle est brisée.

M. Martin : Sully !

M. Smith : Prudhomme ! 35

Mme Martin, M. Smith : François.

François Coppée   Another Parnassian poet (1842–1908). *Prudhomme and Coppée are often mentioned together.*

Espèces *(f pl)* **de glouglouteurs** *(m pl)* **. . . glouglouteuses** *(f pl).* You gobblers!   You boozers!   **espèce(s) de** + *substantif*   you + *noun!*

Mariette   a girl's name   **cul** *(m)* **de marmite** *(f)*   pot bottom

Krishnamourti   Evocation of Krishna, eighth century incarnation of the Hindu god Vishnu.

déraper   to skid, to sidestep

soupape *(f)*   valve, plug (*a pun on* pape *m*—pope)

Honoré de Balzac (1799–1850)   Author of the monumental series of novels and short stories comprising *La Comédie humaine*

Achille Bazaine   (1811–1888) Marshal who led the army of Lorraine in 1870, during the Franco-Prussian war

beaux-arts *(m pl)*   fine arts

De l'ail *(m)* **à l'eau . . .** *(f)*   Garlic in water . . . *(note alliteration)*

C'est pas par là, c'est par ici!   It's not that way, it's this way!

les uns aux oreilles des autres   in each other's ears

Dans l'obscurité . . .   = Dans le noir . . .

D'autre part . . .   Moreover . . .

se faire   to occur, take place

MME SMITH, M. MARTIN : Coppée.

MME MARTIN, M. SMITH : Coppée Sully !

MME SMITH, M. MARTIN : Prudhomme François.

MME MARTIN : Espèces de glouglouteurs, espèces de glouglouteuses. 5

M. MARTIN : Mariette, cul de marmite !

MME SMITH : Krishnamourti, Krishnamourti, Krishnamourti !

M. SMITH : Le pape dérape ! Le pape n'a pas de soupape. La
soupape a un pape.

MME MARTIN : Bazar, Balzac, Bazaine ! 10

M. MARTIN : Bizarre, beaux-arts, baisers !

M. SMITH : A, e, i, o, u, a, e, i, o, u, a, e, i, o, u, i !

MME MARTIN : B, c, d, f, g, l, m, n, p, r, s, t, v, w, x, z !

MME MARTIN : De l'ail à l'eau, du lait à l'ail !

MME SMITH, *imitant le train:* Teuff, teuff, teuff, teuff, teuff, 15
teuff, teuff, teuff, teuff, teuff, teuff !

M. SMITH : C'est !

MME MARTIN : Pas !

M. MARTIN : Par !

MME SMITH : Là ! 20

M. SMITH : C'est !

MME MARTIN : Par !

M. MARTIN : I !

MME SMITH : Ci !

Tous ensemble, au comble de la fureur, hurlent les uns aux oreilles des 25
autres. La lumière s'est éteinte. Dans l'obscurité on entend sur un rythme
de plus en plus rapide:

TOUS ENSEMBLE : C'est pas par là, c'est par ici, c'est pas par là,
c'est par ici, c'est pas par là, c'est par ici, c'est pas par là, c'est
par ici, c'est pas par là, c'est par ici, c'est pas par là, c'est par 30
ici* !

---

* À la représentation certaines des répliques de cette dernière scène ont été
supprimées ou interchangées. D'autre part le recommencement final—peut-
on dire—se faisait toujours avec les Smith, l'auteur n'ayant eu l'idée lumineuse
de substituer les Martin aux Smith qu'après les premières représentations. 35

cesser   = arrêter

brusquement   = vite, d'une manière brusque ou soudaine, abruptement

De nouveau . . .   Again . . . ; once more . . .

au début de   = au commencement de

Les paroles cessent brusquement. De nouveau, lumière. M. et Mme Martin sont assis comme les Smith au début de la pièce. La pièce recommence avec les Martin, qui disent exactement les répliques des Smith dans la 1ʳᵉ scène, tandis que le rideau se ferme doucement.

Rideau.

La Cantatrice chauve, Scène XI

La dernière scène de *La Cantatrice chauve*, qui représente le point culminant des tendances dramatiques et linguistiques des scènes précédentes, mérite une explication approfondie. Cette explication se propose de dévoiler quelques-uns des procédés utilisés par l'auteur, de mettre un peu de lumière dans la scène capitale d'une comédie qui se termine dans l'obscurité, et de faciliter une lecture soignée et cohérente.

Parmi les nombreux phénomènes de langage qui se trouvent dans cette dernière scène, plusieurs sont à examiner de près, car leurs effets vont en se multipliant et à un rythme accéléré. Beaucoup des effets linguistiques qu'on va examiner sont des effets sonores. C'est pourquoi il importe de lire cette scène à haute voix (comme toute la pièce, d'ailleurs), pour mieux les apprécier.

On est frappé dès le début de la scène par la récurrence des lieux communs (qui caractérisent également les scènes antérieures). On peut en distinguer deux types :

1) des phrases banales de manuel, manuel dont on se sert pour apprendre une langue étrangère et ses structures. Ionesco se moque des ouvrages qui ne s'occupent pas du sens mais plutôt de la structure de la phrase dans le vide. Au début de cette scène les phrases sont légèrement déformées ou viennent mal à propos (comme dans les scènes précédentes). L'auteur bouleverse la logique en éliminant tout rapport entre les deux parties de la

phrase. Par exemple: «On marche avec les pieds, mais on se réchauffe à l'électricité ou au charbon» (p. 67), «L'automobile va très vite, mais la cuisinière prépare mieux les plats» (p. 69).

2) des proverbes et des clichés tels que «Il faut toujours penser à tout» (p. 67). On trouve également des expressions toutes faites, même en anglais: «Edward is a clerk», «Charity begins at home» (pp. 67, 69).

Il y a aussi de faux proverbes, comme «À chacun son destin» (p. 67). Ici notre attente est déçue et l'humour naît de cette déception. En effet nous attendions «Chacun à son goût», autre cliché.

La déformation et la juxtaposition incongrue des phrases et des expressions stéréotypées se manifestent à partir de la première page de la pièce. Dans cette scène finale, l'emploi en est intensifié par d'autres modifications suggestives et amusantes:

rimes: boeuf/oeuf, chaussette/brouette, lait/palais, lapin/ jardin, pape/dérape/soupape (pp. 67, 69)

jeux de mots: pain/pin/l'arbre à pain, bazar/Balzac/Bazaine/ bizarre/beaux-arts/baisers, Nitouche/N'y touchez pas, pape/ soupape (pp. 69–73).

Parfois ces astuces inattendues sont assez longues et jouent des rôles multiples. Fantaisistes, elles accentuent le côté arbitraire du langage et, du même coup, elles stigmatisent les platitudes:

«Dans la vie, il faut regarder par la fenêtre.»

«Quand je dis oui, c'est une façon de parler.»

«Prenez un cercle, caressez-le, il deviendra vicieux» (pp. 67).

Ce genre de plaisanterie pourrait se transformer en non-sens, si l'on ne tenait pas compte du procédé contenu dans les trois phrases citées: le recours simultané au sens littéral et au sens figuré, d'où naît l'humour. Ici et partout dans l'œuvre, il est évident qu'il n'y a pas de «suite» dans les idées des personnages; parfois ils ne paraissent pas participer à la même conversation. Ce défi à la raison se trouve aussi à l'intérieur de leurs phrases, ce que traduisent le non-sens et l'allitération:

non-sens: Des exemples du non-sens contenu dans la phrase individuelle, comme nous l'avons déjà remarqué, traversent toute cette scène. La logique risque d'être détruite par le déplacement d'un seul mot. Que faire de «fromage» ou de «griffer» dans le faux cliché «Le fromage c'est pour griffer»? Cet exemple est très simple comparé aux jeux compliqués qui l'entourent et qui érodent la logique. Si la syntaxe de phrases telles que «Cependant que la vache nous donne ses queues» est irréprochable, le sens ne l'est pas. Avec ce genre de raisonnement, on peut prouver n'importe quoi, donc on ne prouve rien du tout.

allitération : L'allitération, c'est-à-dire la répétition des consonnes, est un procédé de style bien connu des poètes employée pour ajouter à l'effet sonore. Mais l'usage qui en est fait ici, s'il procède d'une intention différente, n'en est pas moins intéressant. La répétition de la consonne «l» dans «Plutôt un filet dans un chalet, que du lait dans un palais» semble accentuer encore un non-sens. En réalité, cette petite phrase proclame la supériorité du confort matériel et bourgeois dans une petite maison de campagne, et le compare à une nourriture modeste dans un palais somptueux. En même temps, cette phrase prépare l'arrivée d'un autre proverbe-cliché qui concerne encore le logement, mais qui est un faux proverbe, traduit littéralement de l'anglais : «La maison d'un Anglais est son vrai palais.» (Le proverbe équivalent et plus habituel en français serait «Charbonnier est maître chez soi.»)

En somme, les expressions saugrenues semblent jouer plusieurs rôles à la fois. En outre, une bonne partie d'entre elles naissent d'une association d'idées parfois mécanique. Un exemple plus frappant que le précédent (chalet/palais/maison d'un Anglais) se trouve au commencement de la scène, dans la suite d'observations domestiques et rustiques. Les petits chats mentionnés par Mme Smith font peut-être penser à une vache; la vache paraît inspirer la réflexion de M. Smith sur la campagne; sa remarque à son tour semble engendrer celle de M. Martin sur la vieillesse: «Vous n'êtes pas encore assez vieux pour cela»—c'est-à-dire que la campagne serait un lieu de retraite destiné uniquement aux vieilles gens. L'auteur nous a déjà habitués à ce procédé d'associations, dont l'effet comique est fondé sur la surprise. Dans la première scène de *La Cantatrice chauve*, M. Smith déclare qu'il s'est souvenu du décès (contestable d'ailleurs) de Bobby Watson, «par association d'idées». La continuité attendue et rationnelle le cède de plus en plus à la discontinuité. Du reste, bon nombre d'études sur le rire démontrent que le comique provient souvent de ce qui est incongru.

Aux associations d'idées «curieuses et bizarres», comme diraient les Martin, viennent s'ajouter des associations de sons inspirées par la présence, déjà notée, de la rime intérieure. «J'aime mieux tuer un lapin que de chanter dans le jardin» (p. 69) est une phrase qui produit des effets multiples. Elle dénonce les tendances ineptes des manuels de langue, ce que la rime, le rythme, le non-sens, et des associations possibles ne font que renforcer.

Quelles seraient ces associations? L'idée de chant pourrait évoquer le chant d'un oiseau, et de là, l'idée d'un oiseau: le kakatoès (une espèce qui ne chante pas, naturellement, pour une pièce absurde comme celle-ci). Mais ce n'est pas tout: ce mot contient le terme enfantin et scatologique de «caca», qui résonnera dans les répétitions de la suite: «cacade», «cascade», et, en écho, «cactus . . . coccyx . . . coccus . . . cocardard . . . encaqueur . . . encaquer . . . Caïman . . . cagna . . . cacaoyers . . . cacaoyères . . . cacahuètes . . . cacao». Cette «cascade» scatologique, outre ses valeurs choquantes, bruyantes, et illogiques, heurte la décence bourgeoise, et suggère un nouvel état psychologique. Ce serait la régression complète du discours, le retour des personnages à un état d'enfance et, qui plus est, la désintégration de la langue. Les phrases et les expressions ne se lient plus entre elles; il n'y a plus de rapport entre les mots. Par la suite il y aura une désagrégation totale de *tous* les rapports. La stérilité de la conversation même, toutes ces phrases inanimées, préparent la mort du langage, thème déjà suggéré dans la pièce.

Pour le moment, cette progression, ou plutôt cette destruction, continue, toujours au moyen des procédés linguistiques notés auparavant, suivant un rythme haletant. Voyez, par exemple, à la page 71, les répétitions croissantes, les allitérations («Les cacaoyers des cacaoyères», «Les souris ont des sourcils») qui atteignent, par leur insistance, à la disparition du sens des phrases et des mots.

Les rimes continuent aussi. Celles en «ouche» et «ouge» font surgir une autre «cascade» de phrases légèrement associées : «touche/babouche, bouge/babouche, mouche/chasse-mouche, escarmouche/Scaramouche». Ces rimes ajoutent encore des insinuations suggestives et lascives : «Sainte-Nitouche, tu m'embouches, touche ma cartouche».

Les associations abondent maintenant. Le mot «touche» renforce la rime mais a une autre fonction aussi. Il rappelle au lecteur français un poème bien connu, d'une banalité suprême, donc très à propos dans une pièce qui se présente comme la satire d'une société bourgeoise. C'est *Le Vase brisé* de Sully Prudhomme (1839–1907), poète parnassien mineur, autrefois à la mode. Dans ce poème, qui décrit un coeur brisé, on trouve les deux vers suivants : «N'y touchez pas, il est brisé.» Plus loin, «Il est brisé, n'y touchez pas.» Notez que le poète emploie donc, lui aussi, un procédé dont Ionesco se sert : le *renversement des termes*. Ce n'est pas tout. Ce nom de Sully Prudhomme (lui-même satirisé par un poète majeur, Paul Verlaine, 1844–1896) augmente délicieusement l'effet satirique et joue en même temps un double rôle comme beaucoup des phénomènes de langage observés jusqu'ici. Ce nom de Sully Prudhomme évoque celui de son contemporain, François Coppée (1842-1908), poète mineur, lui aussi. Et cette nouvelle association permettra le *renversement des termes* que nous avons signalé : «Coppée Sully! Prudhomme François.» Le renversement indique malicieusement que ces deux poètes se valent et sont donc interchangeables. Une fois de plus, la communication échoue. Les mots (cette fois les noms propres) sont vidés de leur sens.

Les évocations impudiques («cul de marmite», «le pape n'a pas de soupape») ne cessent pas non plus. Elles s'ajoutent aux expressions et aux mots qui dégradent le langage. Après un dernier échange de mots à deux syllabes, une allitération en *b* et en *z*

(«Bazar, Balzac, Bazaine!/Bizarre, beaux-arts, baisers!»), les mots, dépourvus de leur signification, n'en peuvent plus : ils s'écroulent.

On est réduit à l'alphabet, les voyelles d'abord, ordonnées, sauf à la fin avec «a, e, i, o, u, i!» (M. Ionesco veut-il mettre les pointes, et non les points, sur les i?), suivies des consonnes. Après leur échec, les mots ressuscitent brièvement, dépossédés de sens sinon de sons. Les «l» réitérés de Mme Martin («De l'ail à l'eau, du lait à l'ail») nous mènent à un langage encore plus primitif : «teuff, teuff»—le bruit d'un train, bruit qui trouve son écho dans la dernière phrase : « C'est pas par là, c'est par ici.» Cette phrase, brisée et élémentaire, est répétée sans cesse à un rythme frénétique. Comme dit l'auteur, les personnages se trouvent «au comble de la fureur». La lumière s'éteint et l'obscurité qui couvre la scène renforce l'obscurité des mots mêmes.

Les rapports entre les personnages, déjà faibles pour commencer, disparaissent également dans cette scène. La réplique de M. Smith, «À bas le cirage!» (les mots «à bas» commencent toutes sortes de dénonciations politiques en français) provoque une hostilité et une exaspération générale de plus en plus forte, indiquée du reste dans les directions scéniques. M. Smith se plaint des chiens et de leurs puces, Mme Martin hurle l'injure de «cochon», et Mme Smith celle d'«encaqueur», Mme Martin trouve le besoin de grincer des dents, et M. Martin parle de «gifler».

Le langage ne pourrait aller plus loin. Voilà pourquoi l'obscurité règne sur ces esprits absurdes et sur leurs paroles finales—répétitives, prononcées ensemble ; toute signification, toute communication, toute individualité a disparu. Aussitôt que la dernière syllabe a été prononcée, cependant, la lumière revient. Mais elle n'illumine ni la même scène, ni la même disposition de rôles. Des mots vidés de leur sens, devenus interchangeables, nous arrivons aux êtres interchangeables. Les Martin remplacent les Smith, les Smith les Martin. Les personnages sont aussi creux, aussi étrangers à eux-mêmes que leurs paroles sont éloignées de leur sens. Ce n'est pas seulement la pendule des Smith (voir p. 59) qui possède l'esprit de contradiction.

La Leçon

† **cabinet de travail** *(m)* study

une porte donnant dans les escaliers a door opening onto the staircase

apercevoir = distinguer, discerner

dans le lointain = au loin

† **bureau** *(m)* desk (elsewhere may mean office)

La table sert aussi de bureau . . . The table is also used as a desk . . .

† **clair** *(au sens employé ici)* bright, light (in hue)

† **rayon** *(m)* *(au sens employé ici)* shelf

---

† is the symbol used to indicate *faux amis.*
= indicates French synonyms.

La Leçon

DRAME COMIQUE

PERSONNAGES

LE PROFESSEUR, 50 à 60 ans . . . *Marcel Cuvelier*
LA JEUNE ÉLÈVE, 18 ans . . . . . *Rosette Zuchelli*
LA BONNE, 45 à 50 ans . . . . . *Claude Mansard*

La Leçon *a été représentée pour la première fois au Théâtre de Poche*   5
le 20 février 1951.
La mise en scène était de Marcel Cuvelier.

DÉCOR

Le cabinet de travail, servant aussi de salle à manger, du vieux professeur.
À gauche de la scène, une porte donnant dans les escaliers de l'immeuble ; au   10
fond, à droite de la scène, une autre porte menant à un couloir de l'appartement.
Au fond, un peu sur la gauche, une fenêtre, pas très grande, avec des rideaux
simples ; sur le bord extérieur de la fenêtre, des pots de fleurs banales.
On doit apercevoir, dans le lointain, des maisons basses, aux toits rouges : la
petite ville. Le ciel est bleu gris. Sur la droite, un buffet rustique. La table sert   15
aussi de bureau : elle se trouve au milieu de la pièce. Trois chaises autour de la
table, deux autres des deux côtés de la fenêtre, tapisserie claire, quelques
rayons avec des livres.

† **sonnette** *(f)* = bell

Voix de la Bonne . . . apparaît. Voice of the maid, *in the wings:* Yes, coming. *Preceding the maid herself, who, after having run down some stairs, appears.*

† **marche** *(f)* = stair, step

Elle est forte . . . paysanne. She is stout; she is between 45 and 50 years old, of ruddy complexion, and wears a peasant headdress.

La Bonne . . . sonnette . . . *The maid enters like a gust of wind, slams the door on the right behind her, wipes her hands on her apron, as she runs to the door, while the doorbell rings for the second time . . .*

J'arrive. I'm coming.

prévenir (quelqu'un) = avertir (quelqu'un), dire à (quelqu'un)

face au public facing the audience

un petit regard = un coup d'oeil   † **regard** *(m)* look, glance

tirer *(au sens employé ici)* = sortir

Au lever du rideau, la scène est vide, elle le restera assez longtemps.
Puis on entend la sonnette de la porte d'entrée. On entend la:

Voix de la Bonne, *en coulisse:*   Oui. Tout de suite. *Précédant la*
bonne elle-même, qui, après avoir descendu, en courant, des marches,
apparaît. Elle est forte; elle a de 40 à 50 ans, rougeaude, coiffe 5
paysanne.

La Bonne *entre en coup de vent, fait claquer derrière elle la porte de*
droite, s'essuie les mains sur son tablier, tout en courant vers la porte
de gauche, cependant qu'on entend un deuxième coup de sonnette:
Patience. J'arrive. *(Elle ouvre la porte. Apparaît la jeune élève, âgée* 10
de 18 ans. Tablier gris, petit col blanc, serviette sous le bras.) Bon-
jour, Mademoiselle.
L'Élève: Bonjour, Madame. Le Professeur est à la maison?
La Bonne: C'est pour la leçon?
L'Élève: Oui, Madame. 15
La Bonne: Il vous attend. Asseyez-vous un instant, je vais le
prévenir.
L'Élève: Merci, Madame.

Elle s'assied près de la table, face au public; à sa gauche, la porte
d'entrée; elle tourne le dos à l'autre porte par laquelle, toujours se 20
dépêchant, sort la Bonne, qui appelle:
La Bonne: Monsieur, descendez, s'il vous plaît. Votre élève
est arrivée.
Voix du Professeur, *plutôt fluette:* Merci. Je descends . . .
dans deux minutes . . . 25

La Bonne est sortie; l'Élève, tirant sous elle ses jambes, sa serviette sur
ses genoux, attend, gentiment; un petit regard ou deux dans la pièce, sur
les meubles, au plafond aussi; puis elle tire de sa serviette un cahier, qu'elle

comme as if

† **répéter** to rehearse, to go over

coup d'oeil *(m)* glance

se jouer *(au sens employé ici)* = se développer

de plus en plus increasingly, more and more

† **figure** *(f)* face; = visage *(m)*

façon *(f)* = manière *(f)*

tout aussi difficilement with just as much difficulty

début d'aphasie beginnings of aphasia, a partial or total loss of the ability to articulate ideas in any form.

† **volontaire** *(au sens employé ici)* willful, headstrong

semblant = paraissant

si bien que . . . geste final so that when the latter will have come to the point of carrying out his final action

accomplir = exécuter

seuls ses yeux only her eyes, her eyes alone

étonnement *(m)* = surprise *(f)*

frayeur *(f)* = peur *(f)*, crainte *(f)*

indicible = ineffable, inexprimable

le passage . . . insensiblement the change from one type of behavior to another must occur, of course, imperceptibly.

comportement *(m)* = conduite *(f)*

se faire = se passer, avoir lieu, arriver

bien entendu = naturellement, assurément

† **insensiblement** imperceptibly

† **blouse** *(f)* = smock, overblouse

† **correct** *(au sens employé ici)* = proper

très professeur very much the professor

tout le temps = toujours, constamment

de temps à autre = de temps en temps

se jouer de (quel qu'un) to trifle with (someone)

clairon sonore *(m)* a resounding trumpet, a trumpet blast

86

feuillette, puis s'arrête plus longtemps sur une page, comme pour répéter la leçon, comme pour jeter un dernier coup d'œil sur ses devoirs. Elle a l'air d'une fille polie, bien élevée, mais bien vivante, gaie, dynamique; un sourire frais sur les lèvres; au cours du drame qui va se jouer, elle ralentira progressivement le rythme vif de ses mouvements, de son allure, 5 *elle devra se refouler; de gaie et souriante, elle deviendra progressivement triste, morose; très vivante au début, elle sera de plus en plus fatiguée, somnolente; vers la fin du drame sa figure devra exprimer nettement une dépression nerveuse; sa façon de parler s'en ressentira, sa langue se fera pâteuse, les mots reviendront difficilement dans sa mémoire et sortiront,* 10 *tout aussi difficilement, de sa bouche; elle aura l'air vaguement paralysée, début d'aphasie; volontaire au début, jusqu'à en paraître presque agressive, elle se fera de plus en plus passive, jusqu'à ne plus être qu'un objet mou et inerte, semblant inanimée, entre les mains du Professeur; si bien que lorsque celui-ci en sera arrivé à accomplir le geste final, l'Élève* 15 *ne réagira plus; insensibilisée, elle n'aura plus de réflexes; seuls ses yeux, dans une figure immobile, exprimeront un étonnement et une frayeur indicibles; le passage d'un comportement à l'autre devra se faire, bien entendu, insensiblement.*

Le Professeur entre. C'est un petit vieux à barbiche blanche; il a des 20 *lorgnons, une calotte noire, il porte une longue blouse noire de maître d'école, pantalons et souliers noirs, faux col blanc, cravate noire. Excessivement poli, très timide, voix assourdie par la timidité, très correct, très professeur. Il se frotte tout le temps les mains; de temps à autre, une lueur lubrique dans les yeux, vite réprimée.* 25

Au cours du drame, sa timidité disparaîtra progressivement, insensiblement; les lueurs lubriques de ses yeux finiront par devenir une flamme dévorante, ininterrompue; d'apparence plus qu'inoffensive au début de l'action, le Professeur deviendra de plus en plus sûr de lui, nerveux, agressif, dominateur, jusqu'à se jouer comme il lui plaira de son 30 *élève, devenue, entre ses mains, une pauvre chose. Évidemment la voix du Professeur devra elle aussi devenir, de maigre et fluette, de plus en plus forte, et, à la fin, extrêmement puissante, éclatante, clairon sonore, tandis que la voix de l'Élève se fera presque inaudible, de très claire et bien timbrée qu'elle aura été au début du drame. Dans les premières* 35 *scènes, le Professeur bégayera, très légèrement, peut-être.*

... **c'est bien vous ...**   ... it's really you ...

† **se presser**   = to hurry

Il n'y a aucun mal ...   There's no harm done ...

Il y a trente ans que j'habite la ville.   I have been living in this town for
thirty years. (Voici *or* voilà *may replace* il y a. *The same idea can be expressed by the
use of* depuis *and the amount of time:* J'habite la ville depuis trente ans.)

Pourtant, j'aimerais autant vivre autre part.   But I'd just as soon live
elsewhere.   **autre part**   = ailleurs

chef-lieu *(m)* *(au sens employé ici)*   = capitale *(f)*

sur le bout des ongles   at your fingertips   † **bout** *(m)*   = tip, end

avoir mal à + *inf*   to have trouble + *pres part*

LE PROFESSEUR : Bonjour, Mademoiselle . . . C'est vous, c'est bien vous, n'est-ce pas, la nouvelle élève ?

L'ÉLÈVE, *se retourne vivement, l'air très dégagée, jeune fille du monde; elle se lève, s'avance vers le Professeur, lui tend la main:* Oui, Monsieur. Bonjour, Monsieur. Vous voyez, je suis venue à 5 l'heure. Je n'ai pas voulu être en retard.

LE PROFESSEUR : C'est bien, Mademoiselle. Merci, mais il ne fallait pas vous presser. Je ne sais comment m'excuser de vous avoir fait attendre . . . Je finissais justement . . . n'est-ce pas, de . . . Je m'excuse . . . Vous m'excuserez . . . 10

L'ÉLÈVE : Il ne faut pas, Monsieur. Il n'y a aucun mal, Monsieur.

LE PROFESSEUR : Mes excuses . . . Vous avez eu de la peine à trouver la maison ?

L'ÉLÈVE : Du tout . . . Pas du tout. Et puis j'ai demandé. Tout le monde vous connaît ici. 15

LE PROFESSEUR : Il y a trente ans que j'habite la ville. Vous n'y êtes pas depuis longtemps ! Comment la trouvez-vous ?

L'ÉLÈVE : Elle ne me déplaît nullement. C'est une jolie ville, agréable, un joli parc, un pensionnat, un évêque, de beaux magasins, des rues, des avenues . . . 20

LE PROFESSEUR : C'est vrai, Mademoiselle. Pourtant j'aimerais autant vivre autre part. À Paris, ou au moins à Bordeaux.

L'ÉLÈVE : Vous aimez Bordeaux ?

LE PROFESSEUR : Je ne sais pas. Je ne connais pas.

L'ÉLÈVE : Alors vous connaissez Paris ? 25

LE PROFESSEUR : Non plus, Mademoiselle, mais, si vous me le permettez, pourriez-vous me dire, Paris, c'est le chef-lieu de . . . Mademoiselle ?

L'ÉLÈVE, *cherche un instant, puis, heureuse de savoir:* Paris, c'est le chef-lieu de . . . la France ? 30

LE PROFESSEUR : Mais oui, Mademoiselle, bravo, mais c'est très bien, c'est parfait. Mes félicitations. Vous connaissez votre géographie nationale sur le bout des ongles. Vos chefs-lieux.

L'ÉLÈVE : Oh ! je ne les connais pas tous encore, Monsieur, ce n'est pas si facile que ça, j'ai du mal à les apprendre. 35

LE PROFESSEUR : Oh, ça viendra . . . Du courage . . . Mademoi-

. . . c'est le principal . . .   . . . that's the main thing . . .

progrès *(m pl)*   *always plural in French*

De toute(s) façon(s) . . .   = En tout cas . . .

Il suffit d'un petit effort . . .   A little effort is all that's needed . . .

† **s'instruire**   = to educate oneself, to be educated

selle . . . Je m'excuse . . . de la patience . . . doucement,
doucement . . . Vous verrez, ça viendra . . . Il fait beau aujour-
d'hui . . . ou plutôt pas tellement . . . Oh ! si quand même.
Enfin, il ne fait pas trop mauvais, c'est le principal . . . Euh . . .
euh . . . Il ne pleut pas, il ne neige pas non plus.   5

L'Élève ; Ce serait bien étonnant, car nous sommes en été.

Le Professeur : Je m'excuse, Mademoiselle, j'allais vous le
dire . . . mais vous apprendrez que l'on peut s'attendre à tout.

L'Élève : Évidemment, Monsieur.

Le Professeur : Nous ne pouvons être sûrs de rien, Mademoi- 10
selle, en ce monde.

L'Élève : La neige tombe l'hiver. L'hiver, c'est une des quatre
saisons. Les trois autres sont . . . euh . . . le prin . . .

Le Professeur : Oui ?

L'Élève : . . . temps, et puis l'été . . . et . . . euh . . .   15

Le Professeur : Ça commence comme automobile, Mademoiselle.

L'Élève : Ah, oui, l'automne . . .

Le Professeur : C'est bien cela, Mademoiselle, très bien répondu, c'est parfait. Je suis convaincu que vous serez une 20
bonne élève. Vous ferez des progrès. Vous êtes intelligente,
vous me paraissez instruite, bonne mémoire.

L'Élève : Je connais mes saisons, n'est-ce pas, Monsieur ?

Le Professeur : Mais oui, Mademoiselle . . . ou presque. Mais
ça viendra. De toute façon, c'est déjà bien. Vous arriverez à 25
les connaître, toutes vos saisons, les yeux fermés. Comme moi.

L'Élève : C'est difficile.

Le Professeur : Oh, non. Il suffit d'un petit effort, de la bonne
volonté, Mademoiselle. Vous verrez. Ça viendra, soyez-en
sûre.   30

L'Élève : Oh, je voudrais bien, Monsieur. J'ai une telle soif de
m'instruire. Mes parents aussi désirent que j'approfondisse
mes connaissances. Ils veulent que je me spécialise. Ils pensent
qu'une simple culture générale, même si elle est solide, ne suffit
plus, à notre époque.   35

Le Professeur : Vos parents, Mademoiselle, ont parfaitement

Vous devez pousser vos études.   You must advance your studies.

† **fortuné**   = wealthy   *(au sens employé ici)*   = aisé, riche
études supérieures   = advanced studies

concours *(m)*   a competitive examination

baccalauréat *(m)*   = (bachot) *m*, (bac) *m* *(argot)*   bachelor's degree,
conferred upon successful completion of a series of examinations at the end of secondary
school (lycée *or* collège)
bachot sciences, bachot lettres *(m)*   baccalaureate in sciences, baccalaureate in letters

† **passer un examen**   to take an examination

faire de notre mieux   to do our best   **faire de son mieux**   = faire son
possible
d'ailleurs   = du reste

† **mes excuses**   my apologies
se mettre au travail   = commencer à travailler
ne . . . guère   = ne . . . pas beaucoup
avoir . . . à + *inf*   to have to + *verb*
perdre son temps   to waste time

. . . **si vous n'y voyez pas d'inconvénients** . . .   . . . if you have no objection . . .   † **inconvénient** *(m) (au sens employé ici)*   = objection

de profil à la salle   profile to the audience

raison. Vous devez pousser vos études. Je m'excuse de vous le dire, mais c'est une chose nécessaire. La vie contemporaine est devenue très complexe.

L'Élève : Et tellement compliquée . . . Mes parents sont assez fortunés, j'ai de la chance. Ils pourront m'aider à travailler, à 5 faire des études très supérieures.

Le Professeur : Et vous voudriez vous présenter . . .

L'Élève : Le plus tôt possible, au premier concours de doctorat. C'est dans trois semaines.

Le Professeur : Vous avez déjà votre baccalauréat, si vous me 10 permettez de vous poser la question.

L'Élève : Oui, Monsieur, j'ai mon bachot sciences, et mon bachot lettres.

Le Professeur : Oh, mais vous êtes très avancée, même trop avancée pour votre âge. Et quel doctorat voulez-vous passer ? 15 Sciences matérielles ou philosophie normale ?

L'Élève : Mes parents voudraient bien, si vous croyez que cela est possible en si peu de temps, ils voudraient bien que je passe mon doctorat total.

Le Professeur : Le doctorat total ? . . . Vous avez beaucoup de 20 courage, Mademoiselle, je vous félicite sincèrement. Nous tâcherons, Mademoiselle, de faire de notre mieux. D'ailleurs, vous êtes déjà assez savante. À un si jeune âge.

L'Élève : Oh, Monsieur.

Le Professeur : Alors, si vous voulez bien me permettre, mes 25 excuses, je vous dirais qu'il faut se mettre au travail. Nous n'avons guère de temps à perdre.

L'Élève : Mais au contraire, Monsieur, je le veux bien. Et même je vous en prie.

Le Professeur : Puis-je donc vous demander de vous asseoir . . . 30 là . . . Voulez-vous me permettre, Mademoiselle, si vous n'y voyez pas d'inconvénients, de m'asseoir en face de vous ?

L'Élève : Certainement, Monsieur. Je vous en prie.

Le Professeur : Merci bien, Mademoiselle. *(Ils s'assoient l'un en face de l'autre, à table, de profil à la salle.)* Voilà. Vous avez 35 vos livres, vos cahiers ?

sortant des cahiers taking out notebooks

si cela ne vous ennuie pas if you don't mind

disposition *(f)* = service, disposal

faire un examen sommaire = examiner sommairement

voie *(f)* = route *(f)*, chemin *(m)*, direction *(f)*

Où en est . . .? What do you know about . . . ? How far along are you in . . .?

à proprement parler to be exact, properly speaking

faites attention pay attention

s'inquiéter = se faire des soucis

L'ÉLÈVE, *sortant des cahiers et des livres de sa serviette :* Oui, Monsieur. Bien sûr, j'ai là tout ce qu'il faut.

LE PROFESSEUR : Parfait, Mademoiselle. C'est parfait. Alors, si cela ne vous ennuie pas . . . pouvons-nous commencer?

L'ÉLÈVE : Mais oui, Monsieur, je suis à votre disposition, 5 Monsieur.

LE PROFESSEUR : À ma disposition? . . . *(Lueur dans les yeux vite éteinte, un geste, qu'il réprime.)* Oh, Mademoiselle, c'est moi qui suis à votre disposition. Je ne suis que votre serviteur.

L'ÉLÈVE : Oh, Monsieur . . . 10

LE PROFESSEUR : Si vous voulez bien . . . alors . . . nous . . . nous . . . je . . . je commencerai par faire un examen sommaire de vos connaissances passées et présentes, afin de pouvoir en dégager la voie future . . . Bon. Où en est votre perception de la pluralité? 15

L'ÉLÈVE : Elle est assez vague . . . confuse.

LE PROFESSEUR : Bon. Nous allons voir ça.

Il se frotte les mains. La Bonne entre, ce qui a l'air d'irriter le Professeur; elle se dirige vers le buffet, y cherche quelque chose, s'attarde.

LE PROFESSEUR : Voyons, Mademoiselle, voulez-vous que nous 20 fassions un peu d'arithmétique, si vous voulez bien . . .

L'ÉLÈVE : Mais oui, Monsieur. Certainement, je ne demande que ça.

LE PROFESSEUR : C'est une science assez nouvelle, une science moderne; à proprement parler, c'est plutôt une méthode 25 qu'une science . . . C'est aussi une thérapeutique. *(À la Bonne.)* Marie, est-ce que vous avez fini?

LA BONNE : Oui, Monsieur, j'ai trouvé l'assiette. Je m'en vais . . .

LE PROFESSEUR : Dépêchez-vous. Allez à votre cuisine, s'il vous 30 plaît.

LA BONNE : Oui, Monsieur. J'y vais. *Fausse sortie de la Bonne.*

LA BONNE : Excusez-moi, Monsieur, faites attention, je vous recommande le calme.

LE PROFESSEUR : Vous êtes ridicule, Marie, voyons. Ne vous 35 inquiétez pas.

† **admettre** *(au sens employé ici)* = to accept

se conduire = se comporter

† **justement** = précisément, exactement

faire mieux de + *inf* = valoir mieux + *inf*

ça énerve it's exasperating, it makes you nervous

Plus à mon âge. Not at my age.

. . . **je n'ai que faire de vos conseils.** . . . I don't need your advice.

conseil *(m)* = recommandation *(f)*, avis *(m)*

avoir peur = craindre **peur** *(f)* = crainte *(f)*

Revenons à nos moutons arithmétiques. *An absurd use of the popular expression* Revenons à nos moutons *(let's get back to business)*. *The expression is derived from the well-known medieval farce,* La Farce du Maître Pathelin.

† **spirituel** = witty

arithmétisons let's do some arithmetic; *facetious neologism invented by the professor*

Combien font . . . ? How much is . . . ?

savoir *(m)* = connaissances *(f pl)*

D'autant plus que . . . All the more since . . .

La Bonne : On dit toujours ça.

Le Professeur : Je n'admets pas vos insinuations. Je sais parfaitement comment me conduire. Je suis assez vieux pour cela.

La Bonne : Justement, Monsieur. Vous feriez mieux de ne pas
commencer par l'arithmétique avec Mademoiselle. L'arith- 5
métique ça fatigue, ça énerve.

Le Professeur : Plus à mon âge. Et puis de quoi vous mêlez-
vous ? C'est mon affaire. Et je la connais. Votre place n'est pas
ici.

La Bonne : C'est bien, Monsieur. Vous ne direz pas que je ne 10
vous ai pas averti.

Le Professeur : Marie, je n'ai que faire de vos conseils.

La Bonne : C'est comme Monsieur veut. *Elle sort.*

Le Professeur : Excusez-moi, Mademoiselle, pour cette sotte
interruption. Excusez cette femme . . . Elle a toujours peur 15
que je me fatigue. Elle craint pour ma santé.

L'Élève : Oh, c'est tout excusé, Monsieur. Ça prouve qu'elle
vous est dévouée. Elle vous aime bien. C'est rare, les bons
domestiques.

Le Professeur : Elle exagère. Sa peur est stupide. Revenons à 20
nos moutons arithmétiques.

L'Élève : Je vous suis, Monsieur.

Le Professeur, *spirituel :* Tout en restant assise !

L'Élève, *appréciant le mot d'esprit :* Comme vous, Monsieur.

Le Professeur : Bon. Arithmétisons donc un peu. 25

L'Élève : Oui, très volontiers, Monsieur.

Le Professeur : Cela ne vous ennuierait pas de me dire . . .

L'Élève : Du tout, Monsieur, allez-y.

Le Professeur : Combien font un et un ?

L'Élève : Un et un font deux. 30

Le Professeur, *émerveillé par le savoir de l'Élève :* Oh, mais c'est
bien. Vous me paraissez très avancée dans vos études. Vous
aurez facilement votre doctorat total, Mademoiselle.

L'Élève : Je suis bien contente. D'autant plus que c'est vous
qui le dites. 35

Le Professeur : Poussons plus loin : combien font deux et un ?

bis, ter, quater   counting terms for 2, 3, and 4 *(derived from the Latin)*

Ce n'est pas la peine de continuer.   It's not worthwhile continuing.

† **retirer**   to take away, withdraw

obliger   = forcer

L'Élève : Trois.

Le Professeur : Trois et un?

L'Élève : Quatre.

Le Professeur : Quatre et un?

L'Élève : Cinq. 5

Le Professeur : Cinq et un?

L'Élève : Six.

Le Professeur : Six et un?

L'Élève : Sept.

Le Professeur : Sept et un? 10

L'Élève : Huit.

Le Professeur : Sept et un?

L'Élève : Huit . . . *bis*.

Le Professeur : Très bonne réponse. Sept et un?

L'Élève : Huit *ter*. 15

Le Professeur : Parfait. Excellent. Sept et un?

L'Élève : Huit *quater*. Et parfois neuf.

Le Professeur : Magnifique. Vous êtes magnifique. Vous êtes exquise. Je vous félicite chaleureusement, Mademoiselle. Ce n'est pas la peine de continuer. Pour l'addition, vous êtes 20 magistrale. Voyons la soustraction. Dites-moi, seulement, si vous n'êtes pas épuisée, combien font quatre moins trois?

L'Élève : Quatre moins trois? . . . Quatre moins trois?

Le Professeur : Oui. Je veux dire : retirez trois de quatre.

L'Élève : Ça fait . . . sept? 25

Le Professeur : Je m'excuse d'être obligé de vous contredire. Quatre moins trois ne font pas sept. Vous confondez : quatre plus trois font sept, quatre moins trois ne font pas sept . . . Il ne s'agit plus d'additionner, il faut soustraire maintenant. 30

L'Élève, *s'efforce de comprendre :* Oui . . . oui . . .

Le Professeur : Quatre moins trois font . . . Combien? . . . Combien?

L'Élève : Quatre?

Le Professeur : Non, Mademoiselle, ce n'est pas ça. 35

L' Élève : Trois, alors.

Ça ne fait tout de même pas dix?   That's not ten, is it?

je vous en prie   please

il se peut qu'il y ait   there may be

qu'il n'y a pas que des nombres   that there's more than numbers

† **prune** *(f)*   plum

Le Professeur : Non plus, Mademoiselle . . . Pardon, je dois le dire . . . Ça ne fait pas ça . . . mes excuses.

L'Élève : Quatre moins trois . . . Quatre moins trois . . . Quatre moins trois ? . . . Ça ne fait tout de même pas dix ?

Le Professeur : Oh, certainement pas, Mademoiselle. Mais il ne s'agit pas de deviner, il faut raisonner. Tâchons de le déduire ensemble. Voulez-vous compter ?

L'Élève : Oui, Monsieur. Un . . ., deux . . ., euh . . .

Le Professeur : Vous savez bien compter ? Jusqu'à combien savez-vous compter ?

L'Élève : Je puis compter . . . à l'infini.

Le Professeur : Cela n'est pas possible, Mademoiselle.

L'Élève : Alors, mettons jusqu'à seize.

Le Professeur : Cela suffit. Il faut savoir se limiter. Comptez donc, s'il vous plaît, je vous en prie.

L'Élève : Un . . ., deux . . ., et puis après deux, il y a trois . . . quatre . . .

Le Professeur : Arrêtez-vous, Mademoiselle. Quel nombre est plus grand ? Trois ou quatre ?

L'Élève : Euh . . . trois ou quatre ? Quel est le plus grand ? Le plus grand de trois ou quatre ? Dans quel sens le plus grand ?

Le Professeur : Il y a des nombres plus petits et d'autres plus grands. Dans les nombres plus grands il y a plus d'unités que dans les petits . . .

L'Élève : . . . Que dans les petits nombres ?

Le Professeur : À moins que les petits aient des unités plus petites. Si elles sont toutes petites, il se peut qu'il y ait plus d'unités dans les petits nombres que dans les grands . . . s'il s'agit d'autres unités . . .

L'Élève : Dans ce cas, les petits nombres peuvent être plus grands que les grands nombres ?

Le Professeur : Laissons cela. Ça nous mènerait beaucoup trop loin : sachez seulement qu'il n'y a pas que des nombres . . . il y a aussi des grandeurs, des sommes, il y a des groupes, il y a des tas de choses telles que les prunes, les wagons, les oies, les pépins, etc. Supposons simplement, pour faciliter notre travail,

Je me suis mal fait comprendre.   I have not made myself understood.

. . . combien vous en reste-t-il?   . . . how many do you have left?

que nous n'avons que des nombres égaux, les plus grands seront
ceux qui auront le plus d'unités égales.

L'Élève : Celui qui en aura le plus sera le plus grand? Ah, je
comprends, Monsieur, vous identifiez la qualité à la quantité.

Le Professeur : Cela est trop théorique, Mademoiselle, trop
théorique. Vous n'avez pas à vous inquiéter de cela. Prenons
notre exemple et raisonnons sur ce cas précis. Laissons pour
plus tard les conclusions générales. Nous avons le nombre quatre
et le nombre trois, avec chacun un nombre toujours égal
d'unités; quel nombre sera le plus grand, le nombre plus petit
ou le nombre plus grand?

L'Élève : Excusez-moi, Monsieur . . . Qu'entendez-vous par le
nombre le plus grand? Est-ce celui qui est moins petit que
l'autre?

Le Professeur : C'est ça, Mademoiselle, parfait. Vous m'avez
très bien compris.

L'Élève : Alors, c'est quatre.

Le Professeur : Qu'est-ce qu'il est, le quatre? Plus grand ou
plus petit que trois?

L'Élève : Plus petit . . . non, plus grand.

Le Professeur : Excellente réponse. Combien d'unités avez-
vous de trois à quatre? . . . ou de quatre à trois, si vous pré-
férez?

L'Élève : Il n'y a pas d'unités, Monsieur, entre trois et quatre.
Quatre vient tout de suite après trois; il n'y a rien du tout
entre trois et quatre!

Le Professeur : Je me suis mal fait comprendre. C'est sans
doute ma faute. Je n'ai pas été assez clair.

L'Élève : Non, Monsieur, la faute est mienne.

Le Professeur : Tenez. Voici trois allumettes. En voici encore
une, ça fait quatre. Regardez bien, vous en avez quatre, j'en retire une, combien vous en reste-t-il?

*On ne voit pas les allumettes, ni aucun des objets, d'ailleurs, dont il
est question; le Professeur se lèvera de table, écrira sur un tableau
inexistant avec une craie inexistante, etc.*

La Leçon   **103**

Ce n'est pas ça du tout. That's not it at all.

Revenons à nos allumettes. *Humorous allusion to p. 97, l.20.*

L'ÉLÈVE : Cinq. Si trois et un font quatre, quatre et un font cinq.

LE PROFESSEUR : Ce n'est pas ça. Ce n'est pas ça du tout. Vous avez toujours tendance à additionner. Mais il faut aussi sous-traire. Il ne faut pas uniquement intégrer. Il faut aussi désin- tégrer. C'est ça la vie. C'est ça la philosophie. C'est ça la science. C'est ça le progrès, la civilisation.

L'ÉLÈVE : Oui, Monsieur.

LE PROFESSEUR : Revenons à nos allumettes. J'en ai donc quatre. Vous voyez, elles sont bien quatre. J'en retire une, il n'en reste plus que . . .

L'ÉLÈVE : Je ne sais pas, Monsieur.

LE PROFESSEUR : Voyons, réfléchissez. Ce n'est pas facile, je l'admets. Pourtant, vous êtes assez cultivée pour pouvoir faire l'effort intellectuel demandé et parvenir à comprendre. Alors ?

L'ÉLÈVE : Je n'y arrive pas, Monsieur. Je ne sais pas, Monsieur.

LE PROFESSEUR : Prenons des exemples plus simples. Si vous aviez eu deux nez, et je vous en aurais arraché un . . . combien vous en resterait-il maintenant ?

L'ÉLÈVE : Aucun.

LE PROFESSEUR : Comment aucun ?

L'ÉLÈVE : Oui, c'est justement parce que vous n'en avez arraché aucun, que j'en ai un maintenant. Si vous l'aviez arraché, je ne l'aurais plus.

LE PROFESSEUR : Vous n'avez pas compris mon exemple. Sup- posez que vous n'avez qu'une seule oreille.

L'ÉLÈVE : Oui, après ?

LE PROFESSEUR : Je vous en ajoute une, combien en auriez- vous ?

L'ÉLÈVE : Deux.

LE PROFESSEUR : Bon. Je vous en ajoute encore une. Combien en auriez-vous ?

L'ÉLÈVE : Trois oreilles.

LE PROFESSEUR : J'en enlève une . . . Il vous reste . . . combien d'oreilles ?

L'ÉLÈVE : Deux.

Procédons autrement.   Let's try something else. Let's try another
approach.

LE PROFESSEUR : Bon. J'en enlève encore une, combien vous en reste-t-il ?

L'ÉLÈVE : Deux.

LE PROFESSEUR : Non. Vous en avez deux, j'en prends une, je vous en mange une, combien vous en reste-t-il ?

L'ÉLÈVE : Deux.

LE PROFESSEUR : J'en mange une . . . une.

L'ÉLÈVE : Deux.

LE PROFESSEUR : Une.

L'ÉLÈVE : Deux.

LE PROFESSEUR : Une !

L'ÉLÈVE : Deux !

LE PROFESSEUR : Une ! ! !

L'ÉLÈVE : Deux ! ! !

LE PROFESSEUR : Une ! ! !

L'ÉLÈVE : Deux ! ! !

LE PROFESSEUR : Une ! ! !

L'ÉLÈVE : Deux ! ! !

LE PROFESSEUR : Non. Non. Ce n'est pas ça. L'exemple n'est pas . . . n'est pas convaincant. Écoutez-moi.

L'ÉLÈVE : Oui, Monsieur.

LE PROFESSEUR : Vous avez . . . vous avez . . . vous avez . . .

L'ÉLÈVE : Dix doigts ! . . .

LE PROFESSEUR : Si vous voulez. Parfait. Bon. Vous avez donc dix doigts.

L'ÉLÈVE : Oui, Monsieur.

LE PROFESSEUR : Combien en auriez-vous, si vous en aviez cinq ?

L'ÉLÈVE : Dix, Monsieur.

LE PROFESSEUR : Ce n'est pas ça !

L'ÉLÈVE : Si, Monsieur.

LE PROFESSEUR : Je vous dis que non !

L'ÉLÈVE : Vous venez de me dire que j'en ai dix . . .

LE PROFESSEUR : Je vous ai dit aussi, tout de suite après, que vous en aviez cinq !

L'ÉLÈVE : Je n'en ai pas cinq, j'en ai dix !

LE PROFESSEUR : Procédons autrement. . . . Limitons-nous aux

† **approcher de** to bring near to, to bring close to (s'approcher de = to
approach)

faire semblant = feindre

† **unité** *(f)* unit

Ou des chiffres! Ou des nombres! Either figures or numbers!

ou . . . ou = soit . . . soit

À la fois . . . At the same time . . . ; simultaneously . . .

C'est-à-dire . . . = Autrement dit . . . ; en d'autres termes . . .

en définitive = après tout, tout bien considéré, en dernière analyse

comme pour imprimer as if engraving

nombres de un à cinq, pour la soustraction . . . Attendez, Mademoiselle, vous allez voir. Je vais vous faire comprendre. *(Le Professeur se met à écrire à un tableau noir imaginaire. Il l'approche de l'Élève, qui se retourne pour regarder.)* Voyez, Mademoiselle . . . *(Il fait semblant de dessiner, au tableau noir, un bâton;* 5 *il fait semblant d'écrire au-dessous le chiffre 1; puis deux bâtons, sous lesquels il fait le chiffre 2, puis en dessous le chiffre 3, puis quatre bâtons au-dessous desquels il fait le chiffre 4.)* Vous voyez . . .

L'Élève : Oui, Monsieur.

Le Professeur : Ce sont des bâtons, Mademoiselle, des bâtons. 10 Ici, c'est un bâton; là ce sont deux bâtons; là, trois bâtons, puis quatre bâtons, puis cinq bâtons. Un bâton, deux bâtons, trois bâtons, quatre et cinq bâtons, ce sont des nombres. Quand on compte des bâtons, chaque bâton est une unité, Mademoiselle . . . Qu'est-ce que je viens de dire ? 15

L'Élève : «Une unité, Mademoiselle ! Qu'est-ce que je viens de dire ?»

Le Professeur : Ou des chiffres ! Ou des nombres ! Un, deux, trois, quatre, cinq, ce sont des éléments de la numération, Mademoiselle. 20

L'Élève, *hésitante :* Oui, Monsieur. Des éléments, des chiffres, qui sont des bâtons, des unités et des nombres . . .

Le Professeur : À la fois . . . C'est-à-dire, en définitive, toute l'arithmétique elle-même est là.

L'Élève : Oui, Monsieur. Bien, Monsieur. Merci, Monsieur. 25

Le Professeur : Alors, comptez si vous voulez, en vous servant de ces éléments . . . additionnez et soustrayez . . .

L'Élève, *comme pour imprimer dans sa mémoire :* Les bâtons sont bien des chiffres et les nombres, des unités ?

Le Professeur : Hum . . . si l'on peut dire. Et alors ? 30

L'Élève : On peut soustraire deux unités de trois unités, mais peut-on soustraire deux deux de trois trois ? et deux chiffres de quatre nombres ? et trois nombres d'une unité ?

Le Professeur : Non, Mademoiselle.

L'Élève : Pourquoi, Monsieur ? 35

Le Professeur : Parce que, Mademoiselle.

Il en est ainsi. That's the way it is.

arriver à *(au sens employé ici)* = parvenir à, réussir à

polytechnicien graduate of the *école polytechnique*, famous specialized school in Paris

Encore moins ... École polytechnique ... Let alone entrust you with a course at the Polytechnic Institute ...

maternelle supérieure advanced nursery school *(an obvious contradiction in terms)*

reconnaître *(au sens employé ici)* = avouer, admettre

la moindre des choses the easiest thing, child's play

L'Élève : Parce que quoi, Monsieur ? Puisque les uns sont bien les autres ?

Le Professeur : Il en est ainsi, Mademoiselle. Ça ne s'explique pas. Ça se comprend par un raisonnement mathématique intérieur. On l'a ou on ne l'a pas.

L'Élève : Tant pis !

Le Professeur : Écoutez-moi, Mademoiselle, si vous n'arrivez pas à comprendre profondément ces principes, ces archétypes arithmétiques, vous n'arriverez jamais à faire correctement un travail de polytechnicien. Encore moins ne pourra-t-on vous charger d'un cours à l'École polytechnique . . . ni à la maternelle supérieure. Je reconnais que ce n'est pas facile, c'est très, très abstrait . . . évidemment . . . mais comment pourriez-vous arriver, avant d'avoir bien approfondi les éléments premiers, à calculer mentalement combien font, et ceci est la moindre des choses pour un ingénieur moyen—combien font, par exemple, trois milliards sept cent cinquante-cinq millions neuf cent quatre-vingt-dix-huit mille deux cent cinquante et un, multiplié par cinq milliards cent soixante-deux millions trois cent trois mille cinq cent huit ?

L'Élève, très vite : Ça fait dix-neuf quintillions trois cent quatre-vingt-dix quadrillions deux trillions huit cent quarante-quatre milliards deux cent dix-neuf millions cent soixante-quatre mille cinq cent huit . . .

Le Professeur, étonné : Non. Je ne pense pas. Ça doit faire dix-neuf quintillions trois cent quatre-vingt-dix quadrillions deux trillions huit cent quarante-quatre milliards deux cent dix-neuf millions cent soixante-quatre mille cinq cent neuf . . .

L'Élève : . . . Non . . . cinq cent huit . . .

Le Professeur, de plus en plus étonné, calcule mentalement : Oui . . . Vous avez raison . . . le produit est bien . . . (Il bredouille inintelligiblement.) . . . quintillions, quadrillions, trillions, milliards, millions . . . (Distinctement.) . . . cent soixante-quatre mille cinq cent huit . . . (Stupéfait.) Mais comment le savez-vous, si vous ne connaissez pas les principes du raisonnement arithmétique ?

se fier à = accorder sa confiance à

C'est assez fort . . . That's quite impressive . . .

tout spécialement in particular
compter *(au sens employé ici)* = importer
compter *(au sens employé ici)* = énumérer

à la fois = en même temps

ainsi que = aussi bien que

par ailleurs = d'un autre côté, à un autre point de vue

† **désolé** chagrined, grieved

C'est dommage . . . It's a pity . . .; it's a shame . . .; it's too bad . . .

† **passage** *(m)* taking (of an examination)

L'Élève : C'est simple. Ne pouvant me fier à mon raisonnement, j'ai appris par cœur tous les résultats possibles de toutes les multiplications possibles.

Le Professeur : C'est assez fort . . . Pourtant, vous me per- mettrez de vous avouer que cela ne me satisfait pas, Mademoi- selle, et je ne vous féliciterai pas : en mathématiques et en arithmétique tout spécialement, ce qui compte—car en arith- métique il faut toujours compter—ce qui compte, c'est sur- tout de comprendre . . . C'est par un raisonnement mathéma- tique, inductif et déductif à la fois, que vous auriez dû trouver ce résultat—ainsi que tout autre résultat. Les mathématiques sont les ennemies acharnées de la mémoire, excellente par ailleurs, mais néfaste, arithmétiquement parlant ! . . . Je ne suis donc pas content . . . ça ne va donc pas, mais pas du tout . . .

L'Élève, *désolée :* Non, Monsieur.

Le Professeur : Laissons cela pour le moment. Passons à un autre genre d'exercices . . .

L'Élève : Oui, Monsieur.

La Bonne, *entrant :* Hum, hum, Monsieur . . .

Le Professeur, *qui n'entend pas :* C'est dommage, Mademoi- selle, que vous soyez si peu avancée en mathématiques spéciales . . .

La Bonne, *le tirant par la manche :* Monsieur ! Monsieur !

Le Professeur : Je crains que vous ne puissiez vous présenter au concours du doctorat total . . .

L'Élève : Oui, Monsieur, dommage !

Le Professeur : Au moins si vous . . . *(À la Bonne.)* Mais laissez-moi, Marie . . . Voyons, de quoi vous mêlez-vous ? À la cuisine ! À votre vaisselle ! Allez ! Allez ! *(À l'Élève.)* Nous tâcherons de vous préparer pour le passage, au moins, du doc- torat partiel . . .

La Bonne : Monsieur ! . . . Monsieur ! . . . *Elle le tire par la manche.*

Le Professeur, *à la Bonne :* Mais lâchez-moi donc ! Lâchez-moi ! Qu'est-ce que ça veut dire ? . . . *(À l'Élève.)* Je dois donc vous

tenir à + *inf*   to insist upon + *pres part*, to be eager to + *verb*

mener   = conduire
Souriant, un peu bête.   Smiling, rather foolishly.
En voilà une histoire!   What an idea!

† **majeur**   of age, an adult

néo-   *prefix meaning* new *which can be attached to any term, including those invented*
here
frapper dans ses mains   = applaudir
vouloir dire   = signifier

Il . . . appuie ses paroles d'un geste de la main . . .   He . . . accentuates
his words with a gesture of his hand . . .   † **parole** *(f)*   = mot *(m)*
il pérore, sans trop charger   he holds forth, without too much emphasis
† **charger** *(au sens employé ici)*   = to be emphatic
du regard   with her eyes
complètement   = entièrement, totalement, tout à fait
Ainsi donc . . .   Therefore . . .   **bien** *(au sens employé ici)*   = certainement

enseigner, si vous tenez vraiment à vous présenter au doctorat partiel . . .

L'Élève :   Oui, Monsieur.

Le Professeur :   . . . Les éléments de la linguistique et de la philologie comparée . . .

La Bonne :   Non, Monsieur, non ! . . . Il ne faut pas ! . . .

Le Professeur :   Marie, vous exagérez !

La Bonne :   Monsieur, surtout pas de philologie, la philologie mène au pire . . .

L'Élève, *étonnée :*   Au pire ? *(Souriant, un peu bête.)* En voilà une histoire !

Le Professeur, *à la Bonne :*   C'est trop fort ! Sortez !

La Bonne :   Bien, Monsieur, bien. Mais vous ne direz pas que je ne vous ai pas averti ! La philologie mène au pire !

Le Professeur :   Je suis majeur, Marie !

L'Élève :   Oui, Monsieur.

La Bonne :   C'est comme vous voudrez ! *Elle sort.*

Le Professeur :   Continuons, Mademoiselle.

L'Élève :   Oui, Monsieur.

Le Professeur :   Je vais donc vous prier d'écouter avec la plus grande attention mon cours, tout préparé . . .

L'Élève :   Oui, Monsieur.

Le Professeur :   . . . Grâce auquel, en quinze minutes, vous pouvez acquérir les principes fondamentaux de la philologie linguistique et comparée des langues néo-espagnoles.

L'Élève :   Oui, Monsieur, oh ! *Elle frappe dans ses mains.*

Le Professeur, *avec autorité :*   Silence ! Que veut dire cela ?

L'Élève :   Pardon, Monsieur. *Lentement, elle remet ses mains sur la table.*

Le Professeur :   Silence ! *(Il se lève, se promène dans la chambre, les mains derrière le dos ; de temps en temps, il s'arrête, au milieu de la pièce ou auprès de l'Élève, et appuie ses paroles d'un geste de la main ; il pérore, sans trop charger ; l'Élève le suit du regard et a, parfois, certaine difficulté à le suivre car elle doit beaucoup tourner la tête ; une ou deux fois, pas plus, elle se retourne complètement.)* Ainsi donc, Mademoiselle, l'espagnol est bien la langue mère d'où sont

sardanapale *pun on Sardinian* (sarde), *used here as an adjective, derived from Sardanapalus, a legendary character from Assyria, prototype of a debauched prince. The name has been immortalized in Byron's drama* Sardanapalus, *and in Delacroix'* *painting* La Mort de Sardanapale.

plus rapproché = plus près

étant donné que given (the fact that), since = vu que

une illustration de plus one more illustration

d'une voix éteinte in a faint voice

Ce qui distingue . . . parler. What distinguishes the Neo-Hispanic languages from each other, and their idioms from other linguistic groups, such as the group of Austrian and Neo-Austrian or Hapsburgian languages, as well as from the Esperanto, Helvetic, Monacan, Swiss, Andorran, Basque and Jai-Lai groups, as well as, furthermore, from the groups of diplomatic and technical languages — what distinguishes them, I say, is their striking resemblance, which makes it very difficult to distinguish them from each other — I mean within the Neo-Hispanic languages themselves, which can ultimately be distinguished however, thanks to their distinctive characteristics, absolutely indisputable proofs of the extraordinary resemblance, which renders their common origin indisputable, and which, at the same time, profoundly differentiates them — through preservation of the distinctive features that I have just mentioned.

habsbourgique *(adj) derived from the name* Habsburg, *one of the most famous Austrian dynasties; here an invented language*

espérantiste *derived from* Esperanto, *an artificial international language, created in 1887*

helvétique Helvetic *or* Helvetian, *adjective derived from the Latin name for the area constituting present-day Switzerland*

monégasque Monacan, relating to Monaco

andorrien *derived from* Andorra, *a principality in the Pyrenees*

basque *The Basque country is a region bordering on France and Spain, whose language is unrelated to any of the European languages.*

pelote *(f) The Basque game of jai-lai is evoked here facetiously, by association.*

. . . on a bien du mal à les distinguer . . . . . . one has a great deal of difficulty distinguishing them . . .

† **caractère** *(m)* trait, characteristic, quality, nature

indiscutable = irréfutable, indéniable, incontestable

trait *(m)* = caractéristique *(f)*, caractère *(m)*

nées toutes les langues néo-espagnoles, dont l'espagnol, le latin, l'italien, notre français, le portugais, le roumain, le sarde ou sardanapale, l'espagnol et le néo-espagnol—et aussi, pour certains de ses aspects, le turc lui-même plus rapproché cependant du grec, ce qui est tout à fait logique, étant donné que la 5 Turquie est voisine de la Grèce et la Grèce plus près de la Turquie que vous et moi : ceci n'est qu'une illustration de plus d'une loi linguistique très importante selon laquelle géographie et philologie sont sœurs jumelles . . . Vous pouvez prendre note, Mademoiselle. 10

L'Élève, *d'une voix éteinte :*   Oui, Monsieur!

Le Professeur :   Ce qui distingue les langues néo-espagnoles entre elles et leurs idiomes des autres groupes linguistiques, tels que le groupe des langues autrichiennes et néo-autrichiennes ou habsbourgiques, aussi bien que des groupes espéran- 15 tiste, helvétique, monégasque, suisse, andorrien, basque, pelote, aussi bien encore que des groupes des langues diplomatique et technique—ce qui les distingue, dis-je, c'est leur ressemblance frappante qui fait qu'on a bien du mal à les distinguer l'une de l'autre—je parle des langues néo-espagnoles 20 entre elles, que l'on arrive à distinguer, cependant, grâce à leurs caractères distinctifs, preuves absolument indiscutables de l'extraordinaire ressemblance, qui rend indiscutable leur communauté d'origine, et qui, en même temps, les différencie profondément—par le maintien des traits distinctifs dont je 25 viens de parler.

L'Élève :   Oooh! oouuii, Monsieur!

Le Professeur :   Mais ne nous attardons pas dans les généralités . . .

L'Élève, *regrettant, séduite :*   Oh, Monsieur . . .   30

Le Professeur :   Cela a l'air de vous intéresser. Tant mieux, tant mieux.

L'Élève :   Oh, oui, Monsieur . . .

Le Professeur :   Ne vous inquiétez pas, Mademoiselle. Nous y reviendrons plus tard . . . à moins que ce ne soit plus du tout. 35 Qui pourrait le dire?

enchanté = ravi, très content

. . . toute langue n'est en somme qu'un langage . . . in short, every
tongue is only a language
nécessairement = forcément, obligatoirement
† son *(m)* = sound
N'étalez donc pas votre savoir. So don't show off what you know. Don't
be a showoff. étaler = montrer, exhiber

saisir au vol to catch (to grasp) in flight

Par conséquent . . . = Conséquemment . . .
articuler = prononcer, émettre des sons
recommander = conseiller
dans la mesure du possible = autant que possible

Euréka Eureka, *from the Greek* I have found (it), *attributed to Archimedes who
discovered, while taking a bath, the principle of specific gravity.*
Trafalgar *a cape at the entrance of the Strait of Gibraltar in Southwestern Spain: site
of a naval battle (1805) in which Lord Nelson's English fleet defeated Napoleon's fleet*
papi, papa daddy *(affectionate term, possibly occasioned by the sounds of* papillon*)*
de cette façon = ainsi, comme ça

constituer = former
à la rigueur in a strict sense, if you will
groupement *(m)* = assemblage *(m)*, ensemble *(m)*

dénué = vidé
sens *(m)* = signification *(f)*
se maintenir = rester, subsister
dans les airs *(au sens employé ici)* = dans l'atmosphère
Seuls, tombent les mots chargés de signification . . . Only the words
loaded with meaning fall . . .

L'Élève, *enchantée, malgré tout :* Oh, oui, Monsieur.

Le Professeur : Toute langue, Mademoiselle, sachez-le, sou-
venez-vous-en *jusqu'à l'heure de votre mort* . . .

L'Élève : Oh! oui, Monsieur, jusqu'à l'heure de ma mort . . .
Oui, Monsieur . . . 5

Le Professeur : . . . et ceci est encore un principe fondamen-
tal, toute langue n'est en somme qu'un langage, ce qui
implique nécessairement qu'elle se compose de sons, ou . . .

L'Élève : Phonèmes . . .

Le Professeur : J'allais vous le dire. N'étalez donc pas votre 10
savoir. Écoutez, plutôt.

L'Élève : Bien, Monsieur. Oui, Monsieur.

Le Professeur : Les sons, Mademoiselle, doivent être saisis au
vol par les ailes pour qu'ils ne tombent pas dans les oreilles des
sourds. Par conséquent, lorsque vous vous décidez d'articuler, 15
il est recommandé, dans la mesure du possible, de lever très
haut le cou et le menton, de vous élever sur la pointe des pieds,
tenez, ainsi, vous voyez . . .

L'Élève : Oui, Monsieur.

Le Professeur : Taisez-vous. Restez assise, n'interrompez pas 20
. . . Et d'émettre les sons très haut et de toute la force de vos
poumons associée à celle de vos cordes vocales. Comme ceci :
regardez : «Papillon», «Euréka», «Trafalgar», «papi, papa».
De cette façon, les sons remplis d'un air chaud plus léger que
l'air environnant voltigeront, voltigeront sans plus risquer de 25
tomber dans les oreilles des sourds qui sont les véritables gouf-
fres, les tombeaux des sonorités. Si vous émettez plusieurs
sons à une vitesse accélérée, ceux-ci s'agripperont les uns aux
autres automatiquement, constituant ainsi des syllabes, des
mots, à la rigueur des phrases, c'est-à-dire des groupements 30
plus ou moins importants, des assemblages purement irration-
nels de sons, dénués de tout sens, mais justement pour cela
capables de se maintenir sans danger à une altitude élevée dans
les airs. Seuls, tombent les mots chargés de signification, alour-
dis par leur sens, qui finissent toujours par succomber, 35
s'écrouler . . .

soudain   = tout d'un coup, subitemnet, soudainement

Qu'avez-vous donc?   What is the matter with you?

avoir mal aux dents   to have a toothache

si peu de chose   so little

au passage   in passing

attirer l'attention sur   to call attention to

en liaisons   *refers to the change in the sounds of consonants when they are followed by a vowel or mute* h *(Needless to say, the examples given are not pertinent.)*

coq au vin *(m)*   chicken in wine sauce

voici   here comes

. . . il faut des années . . .   it takes years

Grâce à . . .   Thanks to . . .

Pour faire donc . . . dents . . .   So to bring out words, sounds, and every-thing else, you must know that you have to expel the air from the lungs mercilessly, then make it pass delicately to, brushing lightly against, the vocal chords which, like harps or leaves beneath the wind, suddenly tremble, rustle, vibrate, vibrate, vibrate or scrape, or whoosh, crumple or hiss, hiss, setting everything astir: uvula, tongue, palate, teeth . . .

vibrer, grasseyer   to vibrate the *r*, scrape the *r* (as opposed to trilling it)

dans un envol puissant . . . la voix   in a powerful, majestic flight which is nothing more than what is improperly called the voice

cortège *(m)*   = défilé *(m)*, procession *(f)*

des gerbes de fleurs des plus variés   sprays of the most diverse flowers

L'ÉLÈVE :   . . . dans les oreilles des sourds.

LE PROFESSEUR :   C'est ça, mais n'interrompez pas . . . et dans la pire confusion . . . Ou par crever comme des ballons. Ainsi donc, Mademoiselle . . . *(L'Élève a soudain l'air de souffrir.)* Qu'avez-vous donc?   5

L'ÉLÈVE :   J'ai mal aux dents, Monsieur.

LE PROFESSEUR :   Ça n'a pas d'importance. Nous n'allons pas nous arrêter pour si peu de chose. Continuons . . .

L'ÉLÈVE, *qui aura l'air de souffrir de plus en plus:* Oui, Monsieur.   10

LE PROFESSEUR :   J'attire au passage votre attention sur les consonnes qui changent de nature en liaisons. Les *f* deviennent en ce cas des *v*, les *d* des *t*, les *g* des *k* et vice versa, comme dans les exemples que je vous signale : «trois heures, les enfants, le coq au vin, l'âge nouveau, voici la nuit».   15

L'ÉLÈVE :   J'ai mal aux dents.

LE PROFESSEUR :   Continuons.

L'ÉLÈVE :   Oui.

LE PROFESSEUR :   Résumons : pour apprendre à prononcer, il faut des années et des années. Grâce à la science, nous pouvons 20 y arriver en quelques minutes. Pour faire donc sortir les mots, les sons et tout ce que vous voudrez, sachez qu'il faut chasser impitoyablement l'air des poumons, ensuite le faire délicatement passer, en les effleurant, sur les cordes vocales qui, soudain, comme des harpes ou des feuillages sous le vent, frémis- 25 sent, s'agitent, vibrent, vibrent, vibrent ou grasseyent, ou chuintent ou se froissent, ou sifflent, sifflent, mettant tout en mouvement : luette, langue, palais, dents . . .

L'ÉLÈVE :   J'ai mal aux dents.

LE PROFESSEUR :   . . . lèvres . . . Finalement les mots sortent 30 par le nez, la bouche, les oreilles, les pores, entraînant avec eux tous les organes que nous avons nommés, déracinés, dans un envol puissant, majestueux, qui n'est autre que ce qu'on appelle, improprement, la voix, se modulant en chant ou se transformant en un terrible orage symphonique avec tout un cortège 35 . . . des gerbes de fleurs des plus variés, d'artifices sonores :

LA LEÇON   121

(consonnes) labiales, dentales, occlusives, palatales   labial consonants *include:* b, m, v, w; dental: d, t; occlusive: p, b; palatal: k, g, ch

tantôt . . . tantôt   sometimes . . . sometimes

† **parent**   *(m) (au sens employé ici)* relative

défaut   *(m)*   = faute *(f) (au sens employé ici)*

à elle seule   by itself

jouer des tours   to play tricks

À ce propos . . .   In this connection . . .

faire part de   = faire connaître, raconter   *(au sens employé ici)*

se laisser aller à   = s'abandonner à

s'attendrir   = s'adoucir

grave   = sérieux

Au lieu de . . .   = À la place de . . .

Firmin   old-fashioned and amusing proper name *(often belonging to a male servant)*

. . . fichez-moi la paix . . .   . . . don't bother me . . ., . . . leave me alone . . .

fifi, fon, fafa   nonsense syllables

fictoire   *a deliberate mispronunciation of* victoire

Gérard de Nerval   French Romantic writer (1808-1855)

Honoré Gabriel Mirabeau   the most famous orator of the French Revolution (1749-1791)

ainsi de suite   and so on

avoir la chance de + *inf*   to have the good fortune to + *verb*

préciser   = spécifier

labiales, dentales, occlusives, palatales et autres, tantôt caressantes, tantôt amères ou violentes.

L'Élève: Oui, Monsieur, j'ai mal aux dents.

Le Professeur: Continuons, continuons. Quant aux langues néo-espagnoles, elles sont des parentes si rapprochées les unes 5 des autres, qu'on peut les considérer comme de véritables cousines germaines. Elles ont d'ailleurs la même mère: l'espagnole, avec un *e* muet. C'est pourquoi il est si difficile de les distinguer l'une de l'autre. C'est pourquoi il est si utile de bien prononcer, d'éviter les défauts de prononciation. La pro- 10 nonciation à elle seule vaut tout un langage. Une mauvaise prononciation peut vous jouer des tours. À ce propos, permettez-moi, entre parenthèses, de vous faire part d'un souvenir personnel. *(Légère détente, le Professeur se laisse un instant aller à ses souvenirs; sa figure s'attendrit; il se reprendra vite.)* J'étais tout 15 jeune, encore presque un enfant. Je faisais mon service militaire. J'avais, au régiment, un camarade, vicomte, qui avait un défaut de prononciation assez grave: il ne pouvait pas prononcer la lettre *f.* Au lieu de *f,* il disait *f.* Ainsi, au lieu de: fontaine, je ne boirai pas de ton eau, il disait: fontaine, je ne 20 boirai pas de ton eau. Il prononçait fille au lieu de fille, Firmin au lieu de Firmin, fayot au lieu de fayot, fichez-moi la paix au lieu de fichez-moi la paix, fatras au lieu de fatras, fifi, fon, fafa au lieu de fifi, fon, fafa; Philippe, au lieu de Philippe; fictoire au lieu de fictoire; février au lieu de février; mars-avril au lieu 25 de mars-avril; Gérard de Nerval et non pas, comme cela est correct, Gérard de Nerval; Mirabeau au lieu de Mirabeau, etc., au lieu de etc., et ainsi de suite etc. au lieu de etc., et ainsi de suite, etc. Seulement il avait la chance de pouvoir si bien cacher son défaut, grâce à des chapeaux, que l'on ne s'en apercevait pas. 30

L'Élève: Oui. J'ai mal aux dents.

Le Professeur, *changeant brusquement de ton, d'une voix dure:* Continuons. Précisons d'abord les ressemblances pour mieux saisir, par la suite, ce qui distingue toutes ces langues entre elles. Les différences ne sont guère saisissables aux personnes 35 non averties. Ainsi, tous les mots de toutes ces langues . . .

Les racines . . . cubiques.   *Note pun on* racines.

C'est selon.   = Ça dépend.

s'apercevoir de   = remarquer

ce que j'ai mal *(fam)*   = que j'ai mal
également   = aussi

sardanapali   *as non-existent as Sardanapale (see note p. 116, l. 3)*

L'ÉLÈVE : Ah oui?... J'ai mal aux dents.

LE PROFESSEUR : Continuons... sont toujours les mêmes, ainsi que toutes les désinences, tous les préfixes, tous les suffixes, toutes les racines...

L'ÉLÈVE : Les racines des mots sont-elles carrées? 5

LE PROFESSEUR : Carrées ou cubiques. C'est selon.

L'ÉLÈVE : J'ai mal aux dents.

LE PROFESSEUR : Continuons. Ainsi, pour vous donner un exemple qui n'est guère qu'une illustration, prenez le mot front... 10

L'ÉLÈVE : Avec quoi le prendre?

LE PROFESSEUR : Avec ce que vous voudrez, pourvu que vous le preniez, mais surtout n'interrompez pas.

L'ÉLÈVE : J'ai mal aux dents.

LE PROFESSEUR : Continuons... J'ai dit: «Continuons.» Pre- 15 nez donc le mot français front. L'avez-vous pris?

L'ÉLÈVE : Oui, oui, Ça y est. Mes dents, mes dents...

LE PROFESSEUR : Le mot front est racine dans frontispice. Il l'est aussi dans effronté. «Ispice» est suffixe, et «ef» préfixe. On les appelle ainsi parce qu'ils ne changent pas. Ils ne veulent pas. 20

L'ÉLÈVE : J'ai mal aux dents.

LE PROFESSEUR : Continuons. Vite. Ces préfixes sont d'origine espagnole, j'espère que vous vous en êtes aperçue, n'est-ce pas?

L'ÉLÈVE : Ah! ce que j'ai mal aux dents. 25

LE PROFESSEUR : Continuons. Vous avez également pu remarquer qu'ils n'avaient pas changé en français. Eh bien, Mademoiselle, rien non plus ne réussit à les faire changer, ni en latin, ni en italien, ni en portugais, ni en sardanapale ou en sardanapali, ni en roumain, ni en néo-espagnol, ni en espagnol, ni 30 même en oriental : front, frontispice, effronté, toujours le même mot, invariablement avec même racine, même suffixe, même préfixe, dans toutes les langues énumérées. Et c'est toujours pareil pour tous les mots.

L'ÉLÈVE : Dans toutes les langues, ces mots veulent dire la 35 même chose? J'ai mal aux dents.

Comment en serait-il autrement?   What else could it be?

concevable   = imaginable

Laissez donc vos dents.   Leave your teeth alone.

que je dise en français   you want me to say it in French

se mettre en colère   to become angry

LE PROFESSEUR : Absolument. Comment en serait-il autrement? De toutes façons, vous avez toujours la même signification, la même composition, la même structure sonore non seulement pour ce mot, mais pour tous les mots concevables, dans toutes les langues. Car une même notion s'exprime par un seul et 5 même mot, et ses synonymes, dans tous les pays. Laissez donc vos dents.

L'ÉLÈVE : J'ai mal aux dents. Oui, oui et oui.

LE PROFESSEUR : Bien, continuons. Je vous dis continuons . . . Comment dites-vous, par exemple, en français : les roses de ma 10 grand-mère sont aussi jaunes que mon grand-père qui était Asiatique?

L'ÉLÈVE : J'ai mal, mal, mal aux dents.

LE PROFESSEUR : Continuons, continuons, dites quand même!

L'ÉLÈVE : En français? 15

LE PROFESSEUR : En français.

L'ÉLÈVE : Euh . . . que je dise en français : les roses de ma grand-mère sont . . .?

LE PROFESSEUR : Aussi jaunes que mon grand-père qui était Asiatique . . . 20

L'ÉLÈVE : Eh bien, on dira, en français, je crois : les roses . . . de ma . . . comment dit-on grand-mère, en français?

LE PROFESSEUR : En français? Grand-mère.

L'ÉLÈVE : Les roses de ma grand-mère sont aussi . . . jaunes, en français, ça se dit «jaunes»? 25

LE PROFESSEUR : Oui, évidemment!

L'ÉLÈVE : Sont aussi jaunes que mon grand-père quand il se mettait en colère.

LE PROFESSEUR : Non . . . qui était A . . .

L'ÉLÈVE : . . . siatique . . . J'ai mal aux dents. 30

LE PROFESSEUR : C'est cela.

L'ÉLÈVE : J'ai mal . . .

LE PROFESSEUR : Aux dents . . . tant pis . . . Continuons! À présent, traduisez la même phrase en espagnol, puis en néo-espagnol . . . 35

L'ÉLÈVE : En espagnol . . . ce sera : les roses de ma grand-mère

C'est faux. = C'est incorrect.

faire l'inverse to do the opposite   **inverse** *(m)* = contraire *(m)*

ressemblance identique *(f)* *another obvious contradiction in terms*

À condition d'avoir . . . Provided that you have . . .   = Pourvu que
vous ayez . . .

diverse = différent, varié

malgré que = bien que, quoique

sont aussi jaunes que mon grand-père qui était Asiatique.

LE PROFESSEUR : Non. C'est faux.

L'ÉLÈVE : Et en néo-espagnol : les roses de ma grand-mère sont aussi jaunes que mon grand-père qui était Asiatique.

LE PROFESSEUR : C'est faux. C'est faux. C'est faux. Vous avez 5 fait l'inverse, vous avez pris l'espagnol pour du néo-espagnol, et le néo-espagnol pour de l'espagnol . . . A . . . non . . . c'est le contraire . . .

L'ÉLÈVE : J'ai mal aux dents. Vous vous embrouillez.

LE PROFESSEUR : C'est vous qui m'embrouillez. Soyez attentive 10 et prenez note. Je vous dirai la phrase en espagnol, puis en néo-espagnol et, enfin, en latin. Vous répéterez après moi. Attention, car les ressemblances sont grandes. Ce sont des ressemblances identiques. Écoutez, suivez bien . . .

L'ÉLÈVE : J'ai mal . . . 15

LE PROFESSEUR : . . . aux dents.

L'ÉLÈVE : Continuons . . . Ah ! . . .

LE PROFESSEUR : . . . en espagnol : les roses de ma grand-mère sont aussi jaunes que mon grand-père qui était Asiatique ; en latin : les roses de ma grand-mère sont aussi jaunes que mon 20 grand-père qui était Asiatique. Saisissez-vous les différences ? Traduisez cela en . . . roumain.

L'ÉLÈVE : Les . . . comment dit-on roses, en roumain ?

LE PROFESSEUR : Mais «roses», voyons.

L'ÉLÈVE : Ce n'est pas «roses» ? Ah, que j'ai mal aux dents . . . 25

LE PROFESSEUR : Mais non, mais non, puisque «roses» est la traduction en oriental du mot français «roses», en espagnol «roses», vous saisissez ? En sardanapali «roses» . . .

L'ÉLÈVE : Excusez-moi, Monsieur, mais . . . Oh, ce que j'ai mal aux dents . . . je ne saisis pas la différence. 30

LE PROFESSEUR : C'est pourtant bien simple ! Bien simple ! À condition d'avoir une certaine expérience, une expérience technique et une pratique de ces langues diverses, si diverses malgré qu'elles ne présentent que des caractères tout à fait identiques. Je vais tâcher de vous donner une clé . . . 35

L'ÉLÈVE : Mal aux dents . . .

LA LEÇON

Nom d'un caniche à barbe! *Humorous variation on the popular exclamation*
Nom d'une pipe! (Good heavens!) Barbet *is a water spaniel*; caniche à barbe
would be a bearded water spaniel with curly hair. Hence the pun on barbu *and on*
the dogs' names.

au bout de très longtemps after a very long time   **au bout de** *(au
sens employé ici)* = après
beaucoup de peine = bien du mal, beaucoup de difficulté

† **précis** *(au sens employé ici)* particular

baser = fonder
pour ainsi dire so to speak

mettre quelqu'un en colère to anger someone
répondre de (quelqu'un) to answer for (someone)
Je disais donc . . . As I was saying . . .
dits de distinction facile of so-called easy distinction
facile *(au sens employé ici)* = aisé   † **commode** convenient
constater *(au sens employé ici)* = observer, remarquer, voir

Je dis donc . . . I repeat . . .

LE PROFESSEUR : Ce qui différencie ces langues, ce ne sont ni
les mots, qui sont les mêmes absolument, ni la structure de la
phrase qui est partout pareille, ni l'intonation, qui ne présente
pas de différences, ni le rythme du langage . . . ce qui les différencie . . . m'écoutez-vous ?   5
L'ÉLÈVE : J'ai mal aux dents.
LE PROFESSEUR : M'écoutez-vous, Mademoiselle ? Aah ! nous
allons nous fâcher.
L'ÉLÈVE : Vous m'embêtez, Monsieur ! J'ai mal aux dents.
LE PROFESSEUR : Nom d'un caniche à barbe ! Écoutez-moi !   10
L'ÉLÈVE : Eh bien . . . oui . . . oui . . . allez-y . . .
LE PROFESSEUR : Ce qui les différencie les unes des autres,
d'une part, et de l'espagnole, avec un e muet, leur mère, d'autre
part . . . c'est . . .
L'ÉLÈVE, grimaçante : C'est quoi ?   15
LE PROFESSEUR : C'est une chose ineffable. Un ineffable que
l'on n'arrive à percevoir qu'au bout de très longtemps, avec
beaucoup de peine et après une très longue expérience . . .
L'ÉLÈVE : Ah ?
LE PROFESSEUR : Oui, Mademoiselle. On ne peut vous donner   20
aucune règle. Il faut avoir du flair, et puis c'est tout. Mais pour
en avoir, il faut étudier, étudier et encore étudier.
L'ÉLÈVE : Mal aux dents.
LE PROFESSEUR : Il y a tout de même quelques cas précis où les
mots, d'une langue à l'autre, sont différents . . . mais on ne   25
peut baser notre savoir là-dessus car ces cas sont, pour ainsi
dire, exceptionnels.
L'ÉLÈVE : Ah, oui ? . . . Oh, Monsieur, j'ai mal aux dents.
LE PROFESSEUR : N'interrompez pas ! Ne me mettez pas en
colère ! Je ne répondrais plus de moi. Je disais donc . . . Ah, oui,   30
les cas exceptionnels, dits de distinction facile . . . ou de distinction aisée . . . ou commode . . . si vous aimez mieux . . .
je répète : si vous aimez, car je constate que vous ne m'écoutez
plus . . .
L'ÉLÈVE : J'ai mal aux dents.   35
LE PROFESSEUR : Je dis donc : dans certaines expressions,

si bien que　= de sorte que

† **sensiblement**　noticeably　= nettement

célèbre　= renommé, fameux, bien connu, illustre

Ça va! Ça va!　That's enough!

entendre　*(au sens employé ici)*　= comprendre

À plus forte raison . . .　So much the more . . . ; all the more reason . . .

Merde alors!　*(vulgaire)*　Damn (it)!

à peu près　just about, approximately　= presque, plus ou moins

que je puisse　*The subjunctive is used here because of the uniqueness of the examples.*

Crâneur!　Braggart!　*(Pun on preceding line.)*

d'usage courant, certains mots diffèrent totalement d'une langue à l'autre, si bien que la langue employée est, en ce cas, sensiblement plus facile à identifier. Je vous donne un exemple : l'expression néo-espagnole célèbre à Madrid : «ma patrie est la néo-Espagne», devient en italien : «ma patrie est . . . 5

L'Élève : La néo-Espagne.»

Le Professeur : Non! «Ma patrie est l'Italie.» Dites-moi alors, par simple déduction, comment dites-vous Italie, en français?

L'Élève : J'ai mal aux dents!

Le Professeur : C'est pourtant bien simple : pour le mot Italie, 10 en français nous avons le mot France qui en est la traduction exacte. Ma patrie est la France. Et France en oriental : Orient! Ma patrie est l'Orient. Et Orient en portugais : Portugal! L'expression orientale : ma patrie est l'Orient se traduit donc de cette façon en portugais : ma patrie est le Portugal! Et ainsi 15 de suite . . .

L'Élève : Ça va! Ça va! J'ai mal . . .

Le Professeur : Aux dents! Dents! Dents! . . . Je vais vous les arracher, moi! Encore un autre exemple. Le mot capitale, la capitale revêt, suivant la langue que l'on parle, un sens diffé- 20 rent. C'est-à-dire que, si un Espagnol dit : J'habite la capitale, le mot capitale ne voudra pas dire du tout la même chose que ce qu'entend un Portugais lorsqu'il dit lui aussi : j'habite dans la capitale. À plus forte raison, un Français, un néo-Espagnol, un Roumain, un Latin, un Sardanapali . . . Dès que vous entendez 25 dire, Mademoiselle, Mademoiselle, je dis ça pour vous! Merde alors! Dès que vous entendez l'expression : j'habite la capitale, vous saurez immédiatement et facilement si c'est de l'espagnol ou de l'espagnol, du néo-espagnol, du français, de l'oriental, du roumain, du latin, car il suffit de deviner quelle est la métro- 30 pole à laquelle pense celui qui prononce la phrase . . . au moment même où il la prononce . . . Mais ce sont à peu près les seuls exemples précis que je puisse vous donner . . .

L'Élève : Oh, là, mes dents . . .

Le Professeur : Silence! Ou je vous fracasse le crâne! 35

L'Élève : Essayez donc! Crâneur!

Aïe! exclamation of pain

Tenez-vous donc tranquille! Sit still!

. . . comment dirais-je? . . . how shall I say?

† instruction *(f)* education

farci de = rempli de, plein de, fourré de

déceler = détecter, trouver, découvrir

tout en croyant parler (even) while believing that they speak

ou bien or else

mignonne *(f)* sweetie (here, ironic)

gare à toi watch out, beware, be careful

comble *(m) (au sens employé ici)* the worst

certains = certaines gens, certaines personnes

Je souffre de mes deux foies à la fois. *Note the homonyms as well as the unusual anatomy.*

† propre *(au sens employé ici)* own

avoir la certitude = être certain, être convaincu

en réalité = réellement, vraiment

remuer = bouger

gens du peuple *(m)* common people

L'ÉLÈVE : Aïe !

LE PROFESSEUR : Tenez-vous donc tranquille ! Pas un mot !

L'ÉLÈVE, *pleurnichant :* Mal aux dents . . .

LE PROFESSEUR : La chose la plus . . . comment dirais-je ? . . .
la plus paradoxale . . . oui . . . c'est le mot . . . la chose la plus 5
paradoxale, c'est qu'un tas de gens qui manquent complètement d'instruction parlent ces différentes langues . . . vous
entendez ? Qu'est-ce que j'ai dit ?

L'ÉLÈVE : « . . . parlent ces différentes langues ! Qu'est-ce que
j'ai dit ! » 10

LE PROFESSEUR : Vous avez eu de la chance ! . . . Des gens du
peuple parlent l'espagnol, farci de mots néo-espagnols qu'ils ne
décèlent pas, tout en croyant parler le latin . . . ou bien ils parlent le latin, farci de mots orientaux, tout en croyant parler le
roumain . . . ou l'espagnol, farci de néo-espagnol, tout en cro- 15
yant parler le sardanapali, ou l'espagnol . . . Vous me comprenez ?

L'ÉLÈVE : Oui ! Oui ! Oui ! Oui ! Que voulez-vous de plus . . . ?

LE PROFESSEUR : Pas d'insolence, mignonne, ou gare à toi . . .
(En colère.) Le comble, Mademoiselle, c'est que certains, par 20
exemple, en un latin, qu'ils supposent espagnol, disent : « Je
souffre de mes deux foies à la fois », en s'adressant à un Français, qui ne sait pas un mot d'espagnol ; pourtant celui-ci le
comprend aussi bien que si c'était sa propre langue. D'ailleurs,
il croit que c'est sa propre langue. Et le Français répondra, en 25
français : « Moi aussi, Monsieur, je souffre de mes foies », et se
fera parfaitement comprendre par l'Espagnol, qui aura la certitude que c'est en pur espagnol qu'on lui a répondu, et qu'on
parle espagnol . . . quand, en réalité, ce n'est ni de l'espagnol
ni du français, mais du latin à la néo-espagnole . . . Tenez- 30
vous donc tranquille, Mademoiselle, ne remuez plus les
jambes, ne tapez plus des pieds . . .

L'ÉLÈVE : J'ai mal aux dents.

LE PROFESSEUR : Comment se fait-il que, parlant sans savoir
quelle langue ils parlent, ou même croyant en parler chacun une 35
autre, les gens du peuple s'entendent quand même entre eux ?

† **confondre** to confuse

. . . c'est lui qui joue ici. . . . that's what is at work here.

se donner le mal to go to the trouble

y compris including
diplôme supra-total *another invented degree*
bien *(m)* (here) welfare, good

Voyons . . . Come now . . .

le regard dans le vide staring vacantly
abruti = hébété, ahuri

† **criard** shrill

L'Élève : Je me le demande.

Le Professeur : C'est simplement une des curiosités inexplicables de l'empirisme grossier du peuple—ne pas confondre avec l'expérience!—un paradoxe, un non-sens, une des bizarreries de la nature humaine, c'est l'instinct, tout simplement, 5 pour tout dire en un mot—c'est lui qui joue, ici.

L'Élève : Ha! Ha!

Le Professeur : Au lieu de regarder voler les mouches tandis que je me donne tout ce mal . . . vous feriez mieux de tâcher d'être plus attentive . . . ce n'est pas moi qui me présente au 10 concours du doctorat partiel . . . je l'ai passé, moi, il y a longtemps . . . y compris mon doctorat total . . . et mon diplôme supra-total . . . Vous ne comprenez donc pas que je veux votre bien?

L'Élève : Mal aux dents! 15

Le Professeur : Mal élevée . . . Mais ça n'ira pas comme ça, pas comme ça, pas comme ça, pas comme ça . . .

L'Élève : Je . . . vous . . . écoute . . .

Le Professeur : Ah! Pour apprendre à distinguer toutes ces différentes langues, je vous ai dit qu'il n'y a rien de mieux que 20 la pratique . . . Procédons par ordre. Je vais essayer de vous apprendre toutes les traductions du mot couteau.

L'Élève : C'est comme vous voulez . . . Après tout . . .

Le Professeur *(il appelle la Bonne)* : Marie! Marie! Elle ne vient pas . . . Marie! Marie! . . . Voyons, Marie. *(Il ouvre la porte,* 25 *à droite.)* Marie! . . .

Il sort.

L'Élève reste seule quelques instants, le regard dans le vide, l'air abruti.

Le Professeur *(voix criarde, dehors)* : Marie! Qu'est-ce que ça 30 veut dire? Pourquoi ne venez-vous pas! Quand je vous demande de venir, il faut venir! *(Il rentre, suivi de Marie.)* C'est moi qui commande, vous m'entendez. *(Il montre l'Élève.)* Elle ne comprend rien, celle-là. Elle ne comprend pas!

La Bonne : Ne vous mettez pas dans cet état, Monsieur, gare à 35

sottise *(f)*   = bêtise *(f)*, absurdité *(f)*, baliverne *(f)*

s'en aller   = partir

† se retenir   to restrain, to refrain (from)

Il suffira que vous prononciez . . .   All you have to do is to pronounce

. . . (Il suffit que *requires the subjunctive*.)

. . . il est de la langue que vous dites.   . . . it's in the same language

you're talking about.

. . . fixez bien . . .   . . . keep looking . . .

la fin! Ça vous mènera loin, ça vous mènera loin tout ça.

LE PROFESSEUR : Je saurai m'arrêter à temps.

LA BONNE : On le dit toujours. Je voudrais bien voir ça.

L'ÉLÈVE : J'ai mal aux dents.

LA BONNE : Vous voyez, ça commence, c'est le symptôme !

LE PROFESSEUR : Quel symptôme ? Expliquez-vous ! Que voulez-vous dire ?

L'ÉLÈVE, *d'une voix molle:* Oui, que voulez-vous dire ? J'ai mal aux dents.

LA BONNE : Le symptôme final ! Le grand symptôme !

LE PROFESSEUR : Sottises ! Sottises ! Sottises ! *(La Bonne veut s'en aller.)* Ne partez pas comme ça ! Je vous appelais pour aller me chercher les couteaux espagnol, néo-espagnol, portugais, français, oriental, roumain, sardanapali, latin et espagnol.

LA BONNE, *sévère:* Ne comptez pas sur moi. *Elle s'en va.*

LE PROFESSEUR *(geste, il veut protester, se retient, un peu désemparé. Soudain, il se rappelle):* Ah ! *(Il va vite vers le tiroir, y découvre un grand couteau invisible, ou réel, selon le goût du metteur en scène, le saisit, le brandit, tout joyeux.)* En voilà un, Mademoiselle, voilà un couteau. C'est dommage qu'il n'y ait que celui-là ; mais nous allons tâcher de nous en servir pour toutes les langues ! Il suffira que vous prononciez le mot couteau dans toutes les langues, en regardant l'objet, de très près, fixement, et vous imaginant qu'il est de la langue que vous dites.

L'ÉLÈVE : J'ai mal aux dents.

LE PROFESSEUR, *chantant presque, mélopée:* Alors : dites, *cou,* comme *cou, teau,* comme *teau* . . . Et regardez, regardez, fixez bien . . .

L'ÉLÈVE : C'est du quoi, ça ? Du français, de l'italien, de l'espagnol ?

LE PROFESSEUR : Ça n'a plus d'importance . . . Ça ne vous regarde pas. Dites : *cou.*

L'ÉLÈVE : *Cou.*

LE PROFESSEUR : . . . *teau* . . . Regardez. *Il brandit le couteau sous les yeux de l'Élève.*

L'ÉLÈVE : *teau* . . .

Zut alors!   Hang it all! Damn it! (*Euphemism for* Merde alors!)

. . . c'est vous qui me faites mal . . .   . . . you're the one who is hurting me . . .

si vous y tenez   if you insist

Qu'est-ce que vous vous permettez?   Who do you think you are?

hors de lui   beside himself

à reculons   backwards

LE PROFESSEUR : Encore . . . Regardez.

L'ÉLÈVE : Ah, non ! Zut alors ! J'en ai assez ! Et puis j'ai mal aux dents, j'ai mal aux pieds, j'ai mal à la tête . . .

LE PROFESSEUR, *saccadé :* Couteau . . . Regardez . . . couteau . . . Regardez . . . couteau . . . Regardez . . . 5

L'ÉLÈVE : Vous me faites mal aux oreilles, aussi. Vous avez une voix ! Oh, qu'elle est stridente !

LE PROFESSEUR : Dites : couteau . . . cou . . . teau . . .

L'ÉLÈVE : Non ! J'ai mal aux oreilles, j'ai mal partout . . .

LE PROFESSEUR : Je vais te les arracher, moi, tes oreilles, 10 comme ça elles ne te feront plus mal, ma mignonne !

L'ÉLÈVE : Ah . . . c'est vous qui me faites mal . . .

LE PROFESSEUR : Regardez, allons, vite, répétez : *cou* . . .

L'ÉLÈVE : Ah, si vous y tenez . . . cou . . . couteau . . . *(Un instant lucide, ironique.)* C'est du néo-espagnol . . . 15

LE PROFESSEUR : Si l'on veut, oui, du néo-espagnol, mais dépêchez-vous . . . nous n'avons pas le temps . . . Et puis, qu'est-ce que c'est que cette question inutile ? Qu'est-ce que vous vous permettez ?

L'ÉLÈVE, *doit être de plus en plus fatiguée, pleurante, désespérée, à la* 20 *fois extasiée et exaspérée :* Ah !

LE PROFESSEUR : Répétez, regardez. *(Il fait comme le coucou.)* Couteau . . . couteau . . . couteau . . . couteau . . .

L'ÉLÈVE : Ah, j'ai mal . . . ma tête . . . *(Elle effleure de la main, comme pour une caresse, les parties du corps qu'elle nomme.)* . . . 25 mes yeux . . .

LE PROFESSEUR, *comme le coucou :* Couteau . . . couteau . . .

Ils sont tous les deux debout ; lui, brandissant toujours son couteau invisible, presque hors de lui, tourne autour d'elle, en une sorte de danse du scalp, mais il ne faut rien exagérer et les pas de danse du 30 *Professeur doivent être à peine esquissés ; l'Élève, debout, face au public, se dirige, à reculons, en direction de la fenêtre, maladive, langoureuse, envoûtée . . .*

LE PROFESSEUR : Répétez, répétez : couteau . . . couteau . . . couteau . . . 35

s'affaler = se laisser tomber

de bas en haut   from bottom to top *This is a reversal of the usual French expression* de haut en bas (from top to bottom).

de tout son corps   with his whole body   † **corps** *(m)*   body

L'Élève : J'ai mal . . . ma gorge, cou . . . ah . . . mes épaules . . . mes seins . . . couteau . . .

Le Professeur : Couteau . . . couteau . . . couteau . . .

L'Élève : Mes hanches . . . couteau . . . mes cuisses . . . cou . . .

Le Professeur : Prononcez bien . . . couteau . . . couteau . . . 5

L'Élève : Couteau . . . ma gorge . . .

Le Professeur : Couteau . . . couteau . . .

L'Élève : Couteau . . . mes épaules . . . mes bras, mes seins, mes hanches . . . couteau . . . couteau . . .

Le Professeur : C'est ça . . . Vous prononcez bien, mainte- 10 nant . . .

L'Élève : Couteau . . . mes seins . . . mon ventre . . .

Le Professeur *(changement de voix)* : Attention . . . ne cassez pas mes carreaux . . . le couteau tue . . .

L'Élève, *d'une voix faible :* Oui, oui . . . le couteau tue ? 15

Le Professeur, *tue l'Élève d'un grand coup de couteau bien spectaculaire :* Aaah ! tiens !

Elle crie aussi : «Aaah !» puis tombe, s'affale en une attitude impudique sur une chaise qui, comme par hasard, se trouvait près de la fenêtre ; ils crient : «Aaah !» en même temps, le meurtrier et la victime ; 20 *après le premier coup de couteau, l'Élève est affalée sur la chaise ; les jambes, très écartées, pendent des deux côtés de la chaise ; le Professeur se tient debout, en face d'elle, le dos au public ; après le premier coup de couteau, il frappe l'Élève morte d'un second coup de couteau, de bas en haut, à la suite duquel le Professeur a un soubresaut bien visible, de tout* 25 *son corps.*

Le Professeur, *essoufflé, bredouille :* Salope . . . C'est bien fait . . . Ça me fait du bien . . . Ah ! Ah ! je suis fatigué . . . j'ai de la peine à respirer . . . Aah !

Il respire difficilement ; il tombe ; heureusement une chaise est là ; il 30 *s'éponge le front, bredouille des mots incompréhensibles ; sa respiration se normalise . . . Il se relève, regarde son couteau à la main, regarde la jeune fille, puis comme s'il se réveillait :*

Le Professeur, *pris de panique :* Qu'est-ce que j'ai fait ! Qu'est- 35

dont il ne sait que faire   which he does not know what to do with

sans mot dire   without a word
d'une voix de moins en moins assurée   in a progressively less confident voice

En effet!   Indeed!

. . . vous allez vous rendre malade!   . . . you're going to make yourself ill!

Il ne vous restera plus d'élèves.   = Vous n'aurez plus d'élèves.

ce qui va m'arriver maintenant! Qu'est-ce qui va se passer!
Ah! là! là! Malheur! Mademoiselle, Mademoiselle, levez-
vous! *(Il s'agite, tenant toujours à la main le couteau invisible dont
il ne sait que faire.)* Voyons, Mademoiselle, la leçon est termi-
née . . . Vous pouvez partir . . . vous paierez une autre fois . . .   5
Ah! elle est morte . . . mo-orte . . . C'est avec mon couteau
. . . Elle est mo-orte . . . C'est terrible. *(Il appelle la Bonne.)*
Marie! Marie! Ma chère Marie, venez donc! Ah! Ah! *(La
porte à droite s'entrouvre. Marie apparaît.)* Non . . . ne venez
pas . . . Je me suis trompé . . . Je n'ai pas besoin de vous,   10
Marie . . . je n'ai plus besoin de vous . . . vous m'entendez?. . .
Marie s'approche, sévère, sans mot dire, voit le cadavre.

Le Professeur, *d'une voix de moins en moins assurée:* Je n'ai pas
besoin de vous, Marie . . .

La Bonne, *sarcastique:* Alors, vous êtes content de votre élève,   15
elle a bien profité de votre leçon?

Le Professeur *(il cache son couteau derrière son dos):* Oui, la
leçon est finie . . . elle . . . elle est encore là . . . elle ne veut
pas partir . . .

La Bonne, *très dure:* En effet! . . .   20

Le Professeur, *tremblotant:* Ce n'est pas moi . . . Ce n'est pas
moi . . . Marie . . . Non . . . Je vous assure . . . ce n'est pas
moi, ma petite Marie . . .

La Bonne: Mais qui donc? Qui donc alors? Moi?

Le Professeur: Je ne sais pas . . . peut-être . . .   25

La Bonne: Ou le chat?

Le Professeur: C'est possible . . . Je ne sais pas . . .

La Bonne: Et c'est la quarantième fois, aujourd'hui! . . . Et
tous les jours c'est la même chose! Tous les jours! Vous n'avez
pas honte, à votre âge . . . mais vous allez vous rendre malade!   30
Il ne vous restera plus d'élèves. Ça sera bien fait.

Le Professeur, *irrité:* Ce n'est pas ma faute! Elle ne voulait
pas apprendre! Elle était désobéissante! C'était une mauvaise
élève! Elle ne voulait pas apprendre!

La Bonne: Menteur! . . .   35

Le Professeur, *s'approche sournoisement de la Bonne, le couteau*

La Leçon   **145**

saisir le poignet au vol (à quelqu'un)   to seize (someone's) wrist in mid-air

Faut pas me la faire.   You can't pull that on me.

Vous me faites pitié, tenez!   I feel sorry for you, there, there!

† **brave**   good   *When* brave *follows the noun, its meaning is the same as in English,*
courageous.

† **commander**   to order

merci bien   thanks very much

Au fait.   By the way. Actually. In fact.   = À propos. En réalité.

derrière son dos: Ça ne vous regarde pas! *(Il essaie de lui donner un formidable coup de couteau; la Bonne lui saisit le poignet au vol, le lui tord; le Professeur laisse tomber par terre son arme.)* . . . Pardon!

La Bonne, *gifle, par deux fois, avec bruit et force, le Professeur qui* **5** *tombe sur le plancher, sur son derrière; il pleurniche:* Petit assassin! Salaud! Petit dégoûtant! Vous vouliez me faire ça à moi? Je ne suis pas une de vos élèves, moi! *(Elle le relève par le collet, ramasse la calotte qu'elle lui met sur la tête; il a peur d'être encore giflé et se protège du coude comme les enfants.)* Mettez ce couteau à **10** sa place, allez! *(Le Professeur va le mettre dans le tiroir du buffet, revient.)* Et je vous avais bien averti, pourtant, tout à l'heure encore: l'arithmétique mène à la philologie, et la philologie mène au crime . . .

Le Professeur: Vous aviez dit: «au pire»! **15**

La Bonne: C'est pareil.

Le Professeur: J'avais mal compris. Je croyais que «Pire» c'est une ville et que vous vouliez dire que la philologie menait à la ville de Pire . . .

La Bonne: Menteur! Vieux renard! Un savant comme vous ne **20** se méprend pas sur le sens des mots. Faut pas me la faire.

Le Professeur, *sanglote:* Je n'ai pas fait exprès de la tuer!

La Bonne: Au moins, vous le regrettez?

Le Professeur: Oh, oui, Marie, je vous le jure!

La Bonne: Vous me faites pitié, tenez! Ah! vous êtes un brave **25** garçon quand même! On va tâcher d'arranger ça. Mais ne recommencez pas . . . Ça peut vous donner une maladie de cœur . . .

Le Professeur: Oui, Marie! Qu'est-ce qu'on va faire, alors? **30**

La Bonne: On va l'enterrer . . . en même temps que les trente-neuf autres . . . ça va faire quarante cerceuils . . . On va appeler les pompes funèbres et mon amoureux, le curé Auguste . . . On va commander des couronnes . . .

Le Professeur: Oui, Marie, merci bien. **35**

La Bonne: Au fait. Ce n'est même pas la peine d'appeler

à vos heures   when it suits you, when you feel like it

se faire pincer   *(argot)*   to get arrested, to get pinched
Vous vous imaginez . . .   Just think of it . . .

Ne vous faites donc pas tant de soucis.   Don't worry so much.

être habitué   = avoir l'habitude

C'est politique.   It's a good idea. *Because of the preceding parentheses*,
politique *here means* political *as well as* prudent.

Ça y est?   O.K.? All right?

Ne lui faites pas de mal.   Don't hurt her.

Auguste, puisque vous-même vous êtes un peu curé à vos
heures, si on en croit la rumeur publique.

LE PROFESSEUR : Pas trop chères, tout de même, les couronnes.
Elle n'a pas payé sa leçon.

LA BONNE : Ne vous inquiétez pas . . . Couvrez-la au moins
avec son tablier, elle est indécente. Et puis on va l'emporter . . .

LE PROFESSEUR : Oui, Marie, oui. *(Il la couvre.)* On risque de
se faire pincer . . . avec quarante cercueils . . . Vous vous
imaginez . . . Les gens seront étonnés . . . Si on nous demande
ce qu'il y a dedans?

LA BONNE : Ne vous faites donc pas tant de soucis. On dira
qu'ils sont vides. D'ailleurs, les gens ne demanderont rien, ils
sont habitués*.

LE PROFESSEUR : Quand même . . .

LA BONNE *(elle sort un brassard portant un insigne, peut-être la
Svastica nazie)* : Tenez, si vous avez peur, mettez ceci, vous
n'aurez plus rien à craindre. *(Elle lui attache le brassard autour du
bras.)* . . . C'est politique.

LE PROFESSEUR : Merci, ma petite Marie; comme ça, je suis
tranquille . . . Vous êtes une bonne fille, Marie . . . bien
dévouée . . .

LA BONNE : Ça va. Allez-y, Monsieur. Ça y est?

LE PROFESSEUR : Oui, ma petite Marie. *(La Bonne et le Professeur
prennent le corps de la jeune fille, l'une par les épaules, l'autre par les
jambes, et se dirigent vers la porte de droite.)* Attention. Ne lui
faites pas de mal.

Ils sortent.

*Scène vide, pendant quelques instants. On entend sonner à la porte de
gauche.*

VOIX DE LA BONNE : Tout de suite, j'arrive! *Elle apparaît tout
comme au début, va vers la porte. Deuxième coup de sonnette.*

LA BONNE, *à part:* Elle est bien pressée, celle-là *(Fort.)*

---

* À Paris, à la représentation, on a supprimé les deux répliques qui suivent,
ainsi que le brassard, pour ne pas ralentir le rythme.

succédant à = suivant

à la toute dernière scène in the very last scene

Patience! *(Elle va vers la porte de gauche, l'ouvre.)* Bonjour,
Mademoiselle! Vous êtes la nouvelle élève? Vous êtes venue
pour la leçon? Le Professeur vous attend. Je vais lui annoncer
votre arrivée. Il descend tout de suite! Entrez donc, entrez,
Mademoiselle*!   5

                                                    Juin 1950.

        Rideau.

Questions
et
sujets de discussion
et
de composition

La Cantatrice chauve

Questions sur le texte

Scène I

1. Quel milieu est décrit au commencement de la première scène?
2. Qu'est-ce que les Smith sont en train de faire?
3. Qu'est-ce qu'on entend?
4. Décrivez le repas des Smith.
5. Qu'est-ce que Madame Smith a pensé du poisson et de la soupe?
6. Combien d'enfants les Smith ont-ils?
7. Comment leur petit garçon s'est-il conduit à table?
8. À quoi peut-on voir que leur petite fille n'a que deux ans?
9. Quelle est la spécialité de l'épicier bulgare?
10. Quel serait, pour Mme Smith, le meilleur remède pour l'appendicite?
11. Selon elle, qu'est-ce qui prouve que le docteur Mackenzie-King est un bon médecin?
12. Quelle est la différence entre la marine et les marins en Angleterre?
13. Quel non-sens trouve M. Smith dans le journal?
14. Pourquoi M. Smith parle-t-il de la mort de Bobby Watson?
15. Depuis quand Bobby Watson est-il mort?
16. Comment M. Smith décrit-il la femme de Bobby Watson?
17. Quel cadeau de noces Mme Smith pense-t-elle offrir?
18. Quel métier poursuivent tous les Bobby Watson? Y réussissent-ils?

19. Que fait Mme Smith pour indiquer sa colère?
20. Quelle réaction ces gestes provoquent-ils chez M. Smith?

Scène II

1. Qui est Mary, et qu'est-ce qu'elle a fait cet après-midi?
2. Qu'est-ce qu'elle annonce aux Smith?
3. Que demande Mme Smith à sa bonne?

Scène III

1. Qu'est-ce que Mary reproche aux époux Martin?

Scène IV

1. Pourquoi M. Martin pense-t-il avoir déjà rencontré Mme Martin?
2. Énumérez plusieurs des coïncidences arrivées aux Martin.
3. Donnez des synonymes pour les expressions suivantes:
   a. il me semble
   b. comme c'est curieux!
   c. je suis originaire de la ville de . . .
   d. j'ai quitté la ville
   e. ce n'est pas exclu
   f. depuis que je suis arrivé
   g. je demeure
   h. il n'y a pas de doute
4. Peut-on savoir l'heure qu'il est selon cette scène?
5. Combien d'enfants les Martin ont-ils? Décrivez-les.
6. Pourquoi Mary entre-t-elle sur la pointe des pieds?

Scène V

1. Quel secret Mary nous livre-t-elle, et quelles en sont les preuves?

La Cantatrice chauve

2. Qu'est-ce qui détruit la théorie de Donald?
3. Qu'est-ce qui prouve la fausse identité de Donald et d'Elizabeth?
4. Quelle est l'identité secrète de la bonne?
5. Dans cette scène, y a-t-il des expressions qui se rapportent à un système d'argumentation convaincant?
6. Quelles indications produisent l'effet d'une histoire policière?

Scène VI

1. Que propose M. Martin?

Scène VII

1. Qu'y a-t-il de surprenant dans la direction scénique au début de cette scène? (Voir les dernières paroles de Mme Smith à la fin de la scène 2.)
2. Quelles contradictions voyez-vous entre les premières remarques de Mme Smith et la fin de la deuxième scène?
3. Peut-on accuser les Smith de mensonge? (Voir scène 1.)
4. M. Smith se comporte-t-il en hôte agréable?
5. Les Martin et les Smith paraissent-ils être des amis intimes? Justifiez votre réponse.
6. Dans cette scène, les hommes et les femmes ont-ils toujours les mêmes opinions et les mêmes gestes?
7. Combien de fois faut-il faire une expérience avant d'arriver à une conclusion?
8. Qui est-ce qui gagne l'argument?

Scène VIII

1. Le pompier, comment est-il habillé?
2. Pourquoi dit-il à Mme Smith qu'elle a l'air fâché?
3. Comment M. Smith connaît-il le pompier?

4. Pourquoi Mme Smith finit-elle par raconter le sujet de la querelle conjugale au pompier?

5. Qu'est-ce qui prouve à Mme Smith qu'elle a raison? Et qu'est-ce qui prouve à M. Smith qu'il a raison, lui aussi?

6. Peut-on savoir depuis combien de temps le pompier était à la porte? Qu'y faisait-il?

7. Pourquoi ne l'avait-on pas vu en ouvrant la porte?

8. Comment le pompier réconcilie-t-il les époux Smith?

9. Quelle est la raison de la visite du pompier? Pourquoi en paraît-il gêné?

10. Pourquoi le pompier est-il désolé?

11. Que lui promet Mme Smith à propos du feu?

12. Comment vont les affaires du pompier? Et les affaires en général? Pourquoi?

13. Comment la jeune femme s'est-elle asphyxiée? Est-ce plausible?

14. Pourquoi la visite du pompier chez le marchand d'allumettes serait-elle inutile?

15. Aurait-il plus de chance chez les prêtres? Chez Durand?

16. Quels sont les droits de propriétaire d'un citoyen en Angleterre?

17. Pourquoi les Smith et les Martin semblent-ils si contents que le pompier reste?

18. En quoi le pompier est-il enfantin?

19. Trouvez-vous les histoires du pompier singulières? Pourquoi?

20. Est-ce que les anecdotes qui suivent prouvent que le pompier ne parle que de choses vécues?

21. Citez les éléments inattendus dans les trois fables du pompier.

22. En quoi la fable de M. Smith ressemble-t-elle aux histoires du pompier?

23. Pourquoi le pompier pense-t-il que la fable de M. Smith n'est pas fameuse? A-t-il raison?

24. Quelles sont les réactions des autres personnages à ces fables?

25. Voyez-vous des différences entre «Le Bouquet» et les histoires précédentes?

26. Que pense M. Smith des qualités de sa femme? Êtes-vous d'accord avec lui?
27. Citez les formules de politesse dans cette scène. Expriment-elles une vérité? Vous en servez-vous dans certaines situations? Dans quel but?
28. Quelle est la structure du «Rhume»?
29. Pourquoi y a-t-il tant d'interruptions au cours de cette dernière anecdote?
30. Énumérez les allitérations et les répétitions de sons et de rimes à la fin de cette scène. Y voyez-vous quelque progression?
31. Signalez les généralisations et les paradoxes des dernières remarques.
32. Quel pourrait être le rapport entre l'esprit de contradiction de la pendule et celui qui se manifeste dans «le Rhume»?

Scène IX

1. Que vient faire la bonne?
2. Commentez les attitudes des autres personnages envers Mary.
3. Quel coup de théâtre se produit-il avant que Mary ne raconte son anecdote?
4. Y a-t-il une ressemblance entre cette scène et une scène précédente?
5. Comment les maîtres de la maison réagissent-ils à l'amitié inattendue entre le pompier et Mary?
6. Notez les clichés dans cette scène et discutez-les.

Scène X

1. Quelle est la conception du monde du pompier?

Scène XI

1. Quels genres d'expressions sont employés par les personnages?

2. Donnez des exemples de rimes, de répétitions (de sons et de mots), de jeux de mots. Quels effets produiraient-ils sur le spectateur?

3. Trouvez les expressions qui semblent parodier des lieux communs (clichés).

4. Expliquez l'humour des expressions suivantes :
   a. Dans la vie, il faut regarder par la fenêtre.
   b. Prenez un cercle, caressez-le, il deviendra vicieux.
   c. Quand je dis oui, c'est une façon de parler.
   d. Benjamin Franklin avait raison. Vous êtes moins tranquille que lui.

   Trouvez-en d'autres et commentez-les.

Sujets de discussion

Scène I

1. Qu'est-ce qui vous frappe en lisant le début de cette pièce, et pourquoi?

2. Que pensez-vous de la description de ce milieu?

3. Quelle disproportion existe-t-il entre les indications scéniques et les paroles prononcées par les personnages?

4. À votre avis, quelle heure est-il? Comment le savez-vous?

5. Quelle serait votre explication des claquements de langue de M. Smith?

6. Quelle idée de l'éducation de ses enfants Mme Smith donne-t-elle?

7. En quoi les paroles de Mme Smith sont-elles à la fois logiques et illogiques? Donnez-en quelques exemples.

8. Commentez la louange du yaourt faite par Mme Smith.

9. Que pensez-vous de l'éloge du docteur Mackenzie-King fait par Mme Smith? Discutez la réaction de M. Smith.

10. Quelles sont les métamorphoses de Bobby Watson?

11. En quoi consiste l'humour de ces portraits?

12. Avez-vous déjà remarqué d'autres exemples dans cette scène d'un manque de logique? Lesquels?
13. Quelle sorte de langage les Smith emploient-ils? Est-il bien adapté à leur mentalité?
14. Dans la vie quotidienne, entend-on souvent le genre de langage des Smith? Pouvez-vous en fournir des exemples?
15. Voit-on des différences de caractère entre M. et Mme Smith? Lesquelles? En quoi se ressemblent-ils?

Scène II

1. Mary vous paraît-elle une bonne typique de ce milieu? Pourquoi?

Scène III

1. De quel ton les paroles de Mary seraient-elles prononcées?
2. Comment expliquer le changement d'attitude chez elle?

Scène IV

1. En quoi les indications scéniques sont-elles inattendues?
2. Connaissez-vous d'autres scènes de reconnaissance au théâtre? En quoi sont-elles différentes de celle-ci?
3. Quelles seraient les raisons possibles pour les exclamations répétées et les expressions équivalentes?
4. Des deux façons proposées de prononcer et de jouer ce dialogue («monotone et nullement nuancé» ou «sincèrement tragique»), laquelle préférez-vous? Pourquoi?
5. Remarquez-vous une progression logique dans le dialogue des Martin? Précisez votre réponse.
6. Quelle serait pour vous la coïncidence la plus bizarre de toutes?
7. À quoi cette scène aboutit-elle?

8. Les coïncidences sont-elles suffisantes pour vous convaincre de l'identité des Martin?
9. Pourquoi les Martin s'embrassent-ils «sans expression»?
10. Pourquoi n'entendent-ils pas le coup de la pendule?

Scène V

1. Pourquoi Mary ne craint-elle pas d'exprimer son opinion de la situation entre Élizabeth et Donald?
2. Remarquez-vous un rapport étrange entre Mary et le public?
3. Quelle pourrait être la véritable identité de Donald et d'Élizabeth?
4. Quelles nouvelles dimensions sont ajoutées au personnage de Mary? Dans votre réponse, tenez compte de son vocabulaire, des questions qu'elle pose, et de son attitude passive.
5. Connaissez-vous le personnage de Sherlock Holmes? Jusqu'à quel point la conduite de ce détective s'accorderait-elle avec celle de Mary?

Scène VI

1. Que signifient les indications scéniques?

Scène VII

1. Commentez la formalité du langage de Mme Smith.
2. En quoi les remarques ci-dessous s'appliquent-elles à la scène entière? Trouvez d'autres exemples à ce propos.

> M. SMITH: Le coeur n'a pas d'âge. *Silence.*
>
> M. MARTIN: C'est vrai. *Silence.*
>
> MME SMITH: On le dit. *Silence.*
>
> MME MARTIN: On dit aussi le contraire. *Silence.*
>
> M. SMITH: La vérité est entre les deux. *Silence.*
>
> M. MARTIN: C'est juste. *Silence.*

3. Quels effets l'auteur veut-il tirer des sonneries de la pendule? Y a-t-il d'autres exemples d'échos dans la scène?

4. Qu'est-ce que c'est qu'un cliché? Quelles seraient les nuances entre : cliché, lieu commun, banalité, truisme, platitude, expression toute faite? (Cherchez dans un bon dictionnaire français, le *Petit Larousse* ou le *Petit Robert*, par exemple.)

5. Y a-t-il des clichés dans cette scène? Lesquels? En connaissez-vous d'autres en français? Comment jugez-vous quelqu'un qui s'en sert toujours?

6. Comment caractériser le langage dans cette scène? Trouvez des exemples pour les catégories suivantes : poli/impoli, formel/vulgaire, lieux communs. Y a-t-il d'autres sortes de langage ici?

7. Que pensez-vous des histoires extraordinaires racontées par les Martin, et de leur façon de les raconter?

8. Indiquez la disproportion entre l'événement décrit et la réaction des personnages. Quelle en serait la justification?

9. Expliquez cette remarque de Mme Smith : «Cela est vrai en théorie. Mais dans la réalité les choses se passent autrement.» Quelles sortes de conclusions peut-on tirer de la présence ou de l'absence du pompier?

Scène VIII

1. Quels rapports familiaux sont exprimés dans cette scène? Citez-en des exemples frappants.

2. Essayez de saisir la «logique» de l'absurde (voir Scène 7, question 9) : quelle est la valeur des démonstrations données à propos de la sonnerie à la porte? Cherchez les allusions à la théorie et à la réalité dans cette scène.

3. Comment le pompier saurait-il que ce n'était pas lui qui avait sonné la première fois?

4. Où remarquez-vous des contradictions en gestes et en paroles? Par exemple, la raison de la visite du pompier s'accorde-t-elle avec son comportement? Nommez quelques situations auxquelles ses paroles pourraient mieux se rapporter.

5. Quels éléments caractérisent une fable? Connaissez-vous d'autres fables en français ou en anglais?
6. Quelles seraient les différences entre les fables traditionnelles et celles qui sont racontées ici?
7. De toutes ces anecdotes, laquelle préférez-vous? Pourquoi? Pouvez-vous en inventer une à la mode des personnages?
8. Y a-t-il certaines ressemblances entre toutes ces histoires? Quel seul trait possèdent-elles toutes en commun?
9. En quoi consiste le «charme» de l'histoire racontée par Mme Smith («Le Bouquet»)? Le geste de M. Martin qui suit indique-t-il une réaction à cette histoire? Comment?
10. Quel pourrait être «le contraire de l'heure qu'il est»? Voyez-vous quelque rapport entre l'esprit de la pendule et celui des personnages?

Scène IX

1. Quelles distinctions de classe sont faites dans cette scène? Dans la petite lutte entre les classes, qui gagne?
2. Si vous jouiez la bonne dans cette scène, quelle intonation prendriez-vous pour réciter le poème? De quels gestes accompagneriez-vous la récitation? Quelle sorte de chanson pourrait-on faire de ce poème?

Scène X

1. Pourquoi Mme Smith remercie-t-elle le pompier? La conversation a-t-elle vraiment été d'une logique «cartésienne»? Que savez-vous de Descartes?
2. Quelle coiffure conviendrait à une cantatrice chauve? Que vient-elle faire dans cette scène?

Scène XI

1. Comment caractériser les propos des personnages dans cette scène?

2. Quels liens logiques existe-t-il entre les déclarations des personnages? Comparez-les avec la conversation entre les Smith au début de la pièce.

3. Remarquez-vous une absence de logique entre certaines phrases, et à l'intérieur de certaines phrases? Analysez quelques exemples. Ces phrases restent-elles pourtant toujours grammaticales?

4. Que pensez-vous de la présence de l'anglais dans cette scène? Y voyez-vous un rappel à la scène qui ouvre la pièce? Pourquoi? Que dire de l'allusion à l'espagnol?

5. Quels moyens sont utilisés pour accélérer le rythme de la scène jusqu'à la fin de la pièce?

6. Qu'est-ce qui pourrait expliquer l'hostilité des personnages? Peut-on sentir ici un effet de «la psychologie de la foule»? Dans quelles autres sortes de situations une fureur pareille se manifesterait-elle?

7. Quelles sont les allusions à l'argent? Que peut-on en conclure?

8. Quels sont les proverbes les plus frappants dans cette scène? Inventez-en d'autres du même genre.

9. Quelles sont les diverses indications de la destruction ultime de la langue et de la logique? Voyez-vous quelque rapport entre la conception du monde indiquée par le pompier au début de la dixième scène, et les manifestations d'hostilité démontrées ici?

10. Lisez cette scène finale à haute voix, en appuyant sur les rimes, les rythmes, et les sons (par exemple, l'imitation du train à la fin). Y aurait-il plusieurs manières de lire et d'interpréter cette scène? Proposez-les.

11. Expliquez la dernière indication scénique.

Sujets de composition

1. Faites le bilan des différences entre la première scène de *La*

Cantatrice chauve et le début d'autres pièces plus traditionnelles que vous avez lues.

2. Commentez les termes de logique aussi bien que l'enchaînement des idées dans la première scène.

3. Décrivez la vie conjugale des Smith.

4. Faites le portrait d'une famille bourgeoise anglaise ou américaine.

5. Discutez le thème du temps dans cette pièce : quel effet le
temps a-t-il sur les personnages (naissance, mariage, mort,
passé, heures indiquées, etc.) ?

6. Commentez l'annihilation constante de la valeur des mots par
la répétition et la contradiction (l'histoire de Bobby Watson,
les dialogues conjugaux, etc.).

7. Étudiez le comique de la répétition : analysez des exemples
particuliers.

8. Inventez une scène domestique à la Ionesco, y compris les
indications scéniques.

9. Examinez le thème du feu : allusions et rôle dans la pièce,
différentes significations possibles.

10. Discutez les mystères et les éclaircissements dans *La Cantatrice chauve*.

11. Expliquez la satire de la bourgeoisie, y compris les rôles du
snobisme et de la convention.

12. Y a-t-il une satire des Anglais dans cette pièce ? Expliquez.

13. Quels aspects de la vie américaine se prêteraient à un traitement absurde ?

14.   Mme Martin : Quelle est la morale ?
      Le Pompier : C'est à vous de la trouver. (p. 51)

À votre avis, quelles sont les diverses «morales» possibles de
cette pièce ?

15. Commentez le rôle du couple dans le déroulement de la pièce.

16. Examinez le rôle du langage dans *La Cantatrice chauve*. De
quelle manière Ionesco joue-t-il avec la fonction tradition-
nelle du langage : la communication ?

17. Si vous dirigiez une représentation de *La Cantatrice chauve*,

quelles instructions donneriez-vous aux acteurs pour bien leur expliquer leurs rôles, le jeu, etc.?

18. Quelles questions «sérieuses» sont traitées de façon comique dans cette pièce? Quelle est la valeur de ce traitement comique?

19. Connaissez-vous d'autres pièces dans lesquelles la vie conjugale, le manque de communication, les rapports sociaux, la conversation inutile sont présentées d'une manière sérieuse? Lesquelles? Y a-t-il des moments sérieux dans *La Cantatrice chauve*? Précisez-les.

20. Y a-t-il un développement dans le traitement des personnages?

21. Approuvez-vous le titre de la pièce? Pourquoi? Quels autres titres possibles pourriez-vous proposer? Justifiez-les.

22. Ionesco appelle *La Cantatrice chauve* une «anti-pièce». Expliquez ce terme en l'appliquant à la pièce entière.

La Leçon

Questions sur le texte

pp. 85-93

1. Cherchez dans un bon dictionnaire la définition des mots
   suivants : écolier — élève — étudiant
   instruction — enseignement — éducation
   collège — lycée
   baccalauréat — bachot — diplôme — doctorat
   maître (maîtresse) — instituteur (institutrice) — professeur
2. Décrivez la bonne : son apparence physique, la première impression qu'elle produit sur le spectateur.
3. Faites le portrait de l'élève.
4. Énumérez les gestes et les traits de l'élève qui vont se transformer progressivement, au fur et à mesure que la pièce se déroule.
5. Faites le même exercice quant au professeur.
6. Discutez la valeur de l'indication «lueurs lubriques» (p. 87).
7. Quels genres de propos l'élève et le professeur échangent-ils?
8. À quel moment le professeur devient-il vraiment professeur? Expliquez.
9. L'enthousiasme du professeur à la bonne réponse de l'élève vous paraît-il justifié?
10. Que dit le professeur pour encourager l'élève?
11. Pourquoi l'élève a-t-elle une «telle soif» de s'instruire?
12. Où en est l'élève avec ses études?

13. Citez quelques exemples de la politesse excessive du professeur.
14. Quelle est la double réaction du professeur quand l'élève dit qu'elle est à sa disposition?
15. Décrivez l'effet sur le professeur de l'entrée de la bonne.
16. Pourquoi la bonne recommande-t-elle le calme au professeur?
17. Caractérisez le rapport entre la bonne et le professeur. Comment l'élève interprète-t-elle ces rapports?

18. Trouvez un (des) exemple(s) inattendu(s) dont se sert le professeur pour la soustraction et pour l'addition. Qu'en conclure?
19. Pourquoi l'élève répond-elle sans difficulté aux problèmes compliqués de multiplication?
20. Pourquoi le professeur est-il mécontent de l'explication de l'élève en ce qui concerne cette facilité?
21. Que vient faire la bonne? Et pourquoi?
22. Quels propos du professeur «séduisent» et «enchantent» l'élève?
23. Quelles recommandations le professeur donne-t-il pour articuler les sons?

24. La science est-elle préférable à l'expérience pour apprendre à prononcer? Expliquez votre réponse.
25. Pourquoi est-il difficile de distinguer les langues néo-espagnoles?
26. Pourquoi l'élève a-t-elle besoin de répéter si fréquemment qu'elle a mal aux dents? Y aurait-il quelque rapport avec la leçon que le professeur est en train de donner?

La Leçon

27. Pourquoi l'élève ne saisit-elle pas la différence entre les mots français et leurs traductions en d'autres langues?

28. Est-ce que les cas des mots qui diffèrent d'une langue à l'autre sont «exceptionnels»? Pourquoi?

29. Dans quel sens le professeur aurait-il raison de dire que «pour le mot Italie en français nous avons le mot France qui en est une traduction exacte»?

30. Pourquoi le professeur devient-il de plus en plus fâché, impoli, et violent? Donnez des exemples précis.

31. Comment comprendre la rencontre entre «certains», le Français et l'Espagnol?

32. Définissez «empirisme» et «expérience». La différence entre les deux dépend-elle seulement de l'instinct?

33. Pourquoi l'élève a-t-elle «le regard dans le vide, l'air abruti»?

34. Comprenez-vous pourquoi la bonne refuse d'aller chercher les couteaux?

35. Comment expliquer le rythme accéléré des pp. 141-143? Donnez au moins deux raisons diverses.

36. Avant le dénouement, le professeur hypnotise-t-il son élève? Précisez.

37. Le professeur s'hypnotise aussi. Comment le savons-nous?

38. Après la mort de l'élève, pourquoi le professeur change-t-il d'attitude envers la bonne?

39. Pourquoi la bonne dit-elle au professeur: «Je ne suis pas une de vos élèves, moi»?

40. Y a-t-il une preuve concrète du dévouement de la bonne à son maître?

41. Qui sont «les 39 autres»?
42. En quoi les paroles de la bonne au sujet de l'enterrement sont-elles choquantes?
43. Quelle ironie y a-t-il dans les paroles du professeur concernant le paiement de la leçon?

Sujets de discussion

pp. 85-93

1. Interprétez le caractère de la jeune élève d'après son portrait physique et ses premières paroles.
2. Pourquoi l'auteur nous donne-t-il tant d'indications scéniques tout au début de la pièce?
3. Quelle est l'ambiance créée par toutes ces indications scéniques?
4. Trouvez-vous déjà quelques nuances sinistres dans les répliques du professeur? Lesquelles? Expliquez.
5. Les raisons pour s'instruire données par l'élève et le professeur sont-elles valables aujourd'hui? Illustrez par quelques exemples personnels. Pouvez-vous ajouter d'autres raisons pour s'instruire?

pp. 93-99

6. Suivant l'exemple humoristique du «doctorat total», pouvez-vous inventer d'autres diplômes ou d'autres certificats d'études aussi illogiques?
7. Que pensez-vous de la définition de l'arithmétique donnée par le professeur? Commentez chaque point.
8. Quelle serait la réaction du spectateur à la petite dispute entre le professeur et la bonne?
9. Voyez-vous quelque disproportion entre la simplicité des

questions posées par le professeur et son émerveillement quant aux réponses de l'élève? Avez-vous déjà remarqué d'autres exemples de cette disproportion dans la pièce?

pp. 99-109

10. En quoi l'addition et la soustraction diffèrent-elles? Dans laquelle de ces opérations l'élève est-elle plus forte? Y aurait-il une explication psychologique de sa faiblesse?
11. Indiquez (si possible) des cas où trois serait un chiffre plus grand que quatre.
12. Quelles sont les raisons pour le désaccord entre l'élève et le professeur concernant la grandeur des chiffres?
13. Suivez-vous facilement le raisonnement du professeur? L'élève le suit-elle?
14. Comment expliquer l'absence des allumettes et des autres objets donnés comme exemple par le professeur?
15. Quel(s) rapport(s) voyez-vous entre l'addition et la soustraction, l'intégration, la désintégration, et la vie?
16. Comment lier les deux opérations arithmétiques (addition et soustraction) à la philosophie, à la science, au progrès, et à la civilisation?
17. L'élève produit-elle toujours la même impression sur le spectateur qu'elle avait produite au début de la pièce? Illustrez et commentez.
18. Caractérisez les changements dans les rapports entre le professeur et l'élève.
19. Si vous étiez l'élève, comment réagiriez-vous aux exemples du nez et de l'oreille proposés par le professeur?

pp. 109-121

20. Est-il vrai que l'arithmétique ne se comprend que «par un raisonnement mathématique intérieur», comme l'affirme le professeur?

21. Par rapport aux toutes premières questions posées par le professeur, que pensez-vous du niveau des questions à la page 111?

22. En vous référant à la question 9 (*sujets de discussion*), commentez les phénomènes de disproportion et de complexité.

23. Pourquoi le professeur déclare-t-il qu'il est majeur?

24. Donnez vos impressions du cours de philologie dicté par le professeur.

25. Comment peut-on interpréter le rôle des sourds dans la communication? Quel est le sort des mots «chargés de signification»? Qu'en concluez-vous?

26. Comment le thème de la mort se présente-t-il dans le discours du professeur? Est-ce par hasard que l'élève commence à souffrir physiquement?

27. À quel moment les premiers maux de dents ont-ils lieu dans notre développement physique? Peut-on trouver un rapport entre ceci et la souffrance de l'élève?

pp. 121-129

28. Quelle est la valeur des exemples fournis par le professeur pour illustrer le changement de nature des consonnes en liaisons? Pouvez-vous trouver des exemples plus pertinents pour chaque catégorie?

29. En quoi consiste la musique des mots selon le professeur? Commentez.

30. «Une mauvaise prononciation peut vous jouer des tours», dit le professeur. Cherchez dans votre expérience personnelle quelques incidents pour prouver cette observation.

31. En quoi consiste l'humour des exemples de mauvaise prononciation cités par le professeur? Si vous étiez metteur en scène, quels conseils donneriez-vous à l'acteur qui joue le rôle du professeur pour interpréter cette anecdote?

32. Expliquez le brusque changement de ton du professeur.

33. Cette leçon vous paraît-elle intéressante? Passionnante?

Instructive? Ennuyeuse? Étrange? Claire? Expliquez pourquoi.

34. Commentez: «Une même notion s'exprime par un seul mot, et ses synonymes, dans tous les pays.»

pp. 129-135

35. Trouvez une douzaine de «ressemblances identiques» entre l'anglais et le français (ou d'autres langues étrangères que vous connaissez). Trouvez également une demi-douzaine de «faux amis», en expliquant la différence avec votre première liste. Définissez chaque «faux ami» en français.

36. Dans cette confrontation pénible entre le professeur et l'élève, quel point de vue prendriez-vous? Donnez vos raisons et référez-vous au besoin à votre expérience personnelle.

37. À votre avis, quels sont les attributs d'un professeur idéal? D'un étudiant idéal?

pp. 137-143

38. Si vous étiez le metteur en scène de cette pièce, préféreriez-vous un couteau invisible ou réel, et pourquoi?

pp. 145-151

39. Après la mort de l'élève, les rapports entre la bonne et le professeur changent perceptiblement: donnez-en quelques exemples. Comment pourrait-on décrire ces deux personnages maintenant? Soyez précis. Cette transformation avait-elle déjà été préparée avant la fin de la leçon?

40. Comment interpréter, de plusieurs façons, cette réflexion: «L'arithmétique mène à la philologie, et la philologie mène au crime»?

41. Expliquez l'indication scénique à propos du brassard. En quoi cette description, ainsi que l'observation précédente sur «les

gens» et l'ambiguïté du mot «politique», pourraient-elles mener à une nouvelle interprétation de la pièce?

42. Comment expliquer maintenant le titre de la pièce? Discutez la multiplicité de niveaux d'interprétation.

43. Étudiez et expliquez la fin de la pièce, et la dernière indication scénique (au bas de la page).

44. *La Leçon* est-elle une comédie ou une tragédie? Discutez, en utilisant des exemples précis tirés de la pièce et, si possible, des théories du drame.

45. Quelles autres pièces que vous avez lues traitent de «leçons» de façon sérieuse ou comique?

Sujets de composition

1. Si le rôle d'un intellectuel est de tout mettre en question, comment appliquer cette définition au professeur? Quels autres sujets sont remis en question dans la pièce?

2. Examinez le rôle des parties du corps (beaucoup sont mentionnées) dans *La Leçon*; commentez les contextes et les présentations variées.

3. «La philologie mène au pire», dit la bonne quand elle veut empêcher le professeur de continuer la leçon. Comment cette observation pourrait-elle se référer à toute la pièce?

4. Faites une analyse de l'humour fondé sur le langage et la logique: jeux de mots, paradoxes, non-sequiturs, clichés, phrases vides, sens figuré ou sens littéral.

5. Expliquez les rapports changeants entre le professeur et son élève.

6. Discutez les rapports entre les étudiants et les professeurs dans votre lycée ou université.

7. Décrivez les domaines où il vaut mieux avoir du flair que de suivre des règles (voir p. 131): par exemple, la vie sociale, non-conformisme, les arts, etc.

8. Expliquez les divers aspects du rôle de la bonne.
9. Étudiez le thème de la destruction ou de la mort (y inclure la question du langage).
10. Discutez le problème de la moralité dans *La Leçon*.
11. Faites une analyse du jeu entre le réel, l'irréel, et le surréel dans *La Leçon*.
12. Comment Ionesco arrive-t-il à la création d'une ambiance sinistre—préparation, techniques, ambiguïtés, etc.
13. Ionesco intitule une de ses autres pièces *Jacques ou la soumission*. Traitez le rôle et la signification de la soumission dans *La Leçon*.
14. L'auteur appelle *La Leçon* un «drame comique». Discutez.
15. Inventez une autre fin pour cette pièce, et justifiez-la.

La Cantatrice chauve/ La Leçon

Sujets de discussion et de composition

1. Faites le résumé de *La Cantatrice chauve* et de *La Leçon*, et comparez leurs structures respectives.
2. La «leçon» de chaque pièce est-elle pareille? Expliquez en détail.
3. Quelle pièce préférez-vous et pourquoi? Fournissez des raison précises.
4. Appliquez la déclaration de la bonne, «La philologie mène au pire» aux deux pièces.
5. *La Cantatrice chauve* et *La Leçon* traitent-elles les mêmes questions? Lesquelles?
6. Faites une analyse du phénomène du langage dans les deux pièces.
7. Discutez les éléments comiques ou sérieux dans les deux pièces.

8. Contrastez le rôle de la bonne dans *La Cantatrice chauve* et *La Leçon*.

9. Comparez le discours du professeur à la p. 123 avec une des fables ou anecdotes racontées dans *La Cantatrice chauve*: parlez du style narratif, des raisonnements, des lieux communs, de l'humour, des rimes, du non-sens.

10. Décrivez les éléments réalistes, et leur contribution à l'effet total de chaque pièce. Illustrez et comparez.

11. Commentez le retour au début comme structure dramatique. Vous pouvez vous rapporter à d'autres oeuvres littéraires ou artistiques si vous voulez.

Vocabulaire

ABBREVIATIONS

f	feminine	*pp*	past participle
fam	familiar	*pl*	plural
inf	infinitive	*pres part*	present participle
intr	intransitive	*tr*	transitive
m	masculine		

A

abonder to abound, be plentiful, be in great quantity

abord *m*: **d'—** first, at first

abruti dazed, overwhelmed

absenter: s'— to absent oneself, stay away

accentuer to stress, accentuate, accent

accord *m*: **être d'—** to agree; **mettre quelqu'un d'—** to bring someone to agreement, reconcile

accorder to grant

accoucher to give birth

acharné unrelenting, implacable

acquérir to acquire, get

adjudant *m* warrant officer, sergeant major

admettre to admit, allow

adoptif, –ve by adoption

adoucir: s'— to soften, grow milder

adresser: s'— à to address oneself to, apply to

affaire *f* business, matter, affair

affaler: s'— to sink, drop

afin de in order to

agir: il s'agit de it concerns, it is a question of

agiter: s'— to stir, move about, flutter, be disturbed

agripper: s'— à to cling to

ahuri bewildered, perplexed, flurried

ail *m* garlic

aile *f* wing

ailleurs elsewhere; **d'—** moreover, besides; **par —** furthermore

ainsi thus, so; **— de suite** and so on; **il en est —** that's how it is; **— que** as well as

air *m* air, attitude, expression

airs *m pl* atmosphere

aise *f* ease; **se mettre à l'—** to make oneself comfortable

aisé easy, simple; well-to-do

ajouter to add; **s'—** to be added

allaiter to nurse

aller: — à quelqu'un to suit, be becoming to; **— en se multipliant** to keep multiplying

aller

allumette *f* match

allure *f* speed, pace, gait; bearing, aspect

alors then, so, well (then), therefore

alourdi weighed down, made heavy

ambiance *f* atmosphere, mood

amer, amère bitter

amorcer: s'— to start, begin

amoureux *m* sweetheart, fiancé

amusant entertaining, amusing

amuser: s'— to enjoy oneself

analogue similar

ancien, —ne former (*before noun*); old (*after noun*)

anéantir to annihilate, destroy utterly

antérieur former, preceding, earlier, previous

apercevoir to perceive, catch sight of; **s'— de** to notice, realize, be aware of

apéritif *m* apéritif, cocktail

aphasie *f* aphasia, partial or total loss of the ability to articulate ideas in any form

apothéose *f* apotheosis, deification, transfiguration

apparaître to appear

apprendre to learn; **apprendre quelque chose à quelqu'un** to teach someone something; **— par coeur** to memorize

approcher: s'— to draw near, approach, come closer

approfondi thorough, deep

approfondir to deepen

appuyer to emphasize, reinforce, stress

après: d'— according to

argent *m* silver; money

arme *f* arm, weapon

arracher to pull out, tear out, uproot

arrêt *m* stop; stopping; **sans —** nonstop, without stopping

arrière-garde *f* rear-guard

arrivée *f* arrival

artifice *m*: **–sonore** sound effect

assemblage *m* grouping, assembling, collection

asseoir: s'— to sit down

assez fairly, rather; enough

assiette *f* plate

assister à to be present at, attend

assourdi muffled, muted

assuré insured; assured

astuce *f* trick, ruse, artifice

attarder: s'— to stay, linger, be delayed

atteindre to attain, reach

attendre to wait for; to expect; **faire — quelqu'un** to make someone wait; **s'— à** to expect

attendrir: s'— to become tender; to be touched, deeply moved

attendrissant touching, affecting

attente *f* expectation; wait

attirer to draw, attract

attraper to catch

aube *f* dawn

aucun . . . ne no one, none, not one; **ne . . . —** not any

aucunement not in any way (whatsoever); not by any means

au-dessous de below, beneath, underneath

augmenter to increase, augment

auprès de near, close to; at the side of

aussi also, too (*in middle or final position*); therefore, so, thus (*in initial position*)

aussitôt immediately; **— que** as soon as

autant : d'— plus que all the more since

autour de around, about

autre other; **d'— part** moreover; **l'un de l'—; les uns des autres** one from another

autrefois formerly, in former times, in the past

autrement otherwise, differently

avaler to swallow

avant-garde *f* avant-garde, vanguard, forefront

averti informed

avertir to warn

avoir : Qu'avez-vous? What's the matter?; **il y a** there is, there are; **il doit y avoir** there must be; **il y a deux ans** two years ago; **il y a quatre heures que nous vous attendons** we have been waiting for you for four hours; **avoir ... à** + *inf* to have ... to + *verb*; **— l'air de** to seem, appear; **— beau** + *inf* to + *verb* in vain, uselessly; **— du chagrin** to be sad, sorrowful; **— de la chance** to be lucky; **— du mal à** + *inf* to have difficulty, trouble + *pres part*; **— mal aux dents** to have a toothache

avouer to admit, confess

B

babine *f* lip (*fam*); **se lécher les babines** to smack one's lips

babouche *f* Turkish heelless slipper

baiser *m* kiss

ballon *m* balloon

banal trite, banal, commonplace

banquette *f* bench, subway seat

barbiche *f* goatee

bas, -se low

bas *m* bottom; **de — en haut** from top to bottom; **du — de la côte** down the hill

baser to base, found

bateau *m* boat, ship

bâton *m* rod, stick

beau-père *m* father-in-law; stepfather

beaux-arts *m pl* fine arts

bégayer to stammer; to stutter; to lisp

belle-mère *f* mother-in-law; stepmother

besoin *m* need, necessity; **au —** if need be, in case of need, in a pinch; **avoir — de** to need

bête stupid, silly; stupidly

bibliothèque *f* library

bien well; much, very, certainly, indeed; **— sûr** of course; **eh —!** well! **ou —** or else; **si — que** so that

bien *m* good; **tout — considéré** all considered

bière *f* beer

bilan *m* balance sheet; balance; **faire le —** to tabulate the results

bilan

bis twice, for the second time, again (as an encore)

bisaïeul *m* great-grandfather

bizarrerie *f* singularity, peculiarity; whim, caprice

blé *m* wheat

blouse *f* smock, overblouse

boeuf *m* ox, bull; beef

bois *m* wood, forest

bon, –ne good; right, correct

bonne *f* maid

bord *m* side, edge

bouger to budge, fidget, stir

bouillie *f* gruel (thinner than porridge, it has the texture of cream of wheat)

bouleverser to upset, overthrow

bourgeois middle-class

bout *m* end, tip; **au — de très longtemps** after a long while; **— des ongles** finger tips

bouteille *f* bottle

brandir to brandish, flourish

bras *m* arm

brassard *m* armband

brave worthy, honest, good (*before noun*); gallant, brave, courageous (*after noun*)

bredouiller to stammer; to stutter

bref in short, in a word, in a few words

bricole *f* petty job, odd job

brièvement briefly

briller to shine

brisé broken

briser: se — to break; to be dashed to pieces

brouette *f* wheelbarrow

bruit *m* noise

brûler to burn

brûlure *f* burn; **— d'estomac** heartburn

brusquement brusquely, abruptly, suddenly, bluntly

bruyant noisy

bureau *m* desk; office

C

cabinet *m*: **— de travail** study

cacade *f* ridiculous failure, mess

cacahuète *f* peanut

cacao *m* cocoa

cacaoyer *m* cacao tree

cacher to hide

cadavre *m* corpse, dead body

cadeau *m* gift, present; **— de noces** wedding present

cahier *m* notebook

calotte *f* skullcap, cap

campagne *f* countryside

caniche *m* poodle

cantatrice *f* female singer; soprano

caractère *m* quality, nature, trait, feature; temper, disposition, personality

carafe *f* decanter, carafe, water bottle

caressant caressing; endearing; soothing

carré square

carreau *m* window pane; tile, flagstone

cartable *m* briefcase, schoolbag (*may be carried on back*)

cartouche *f* cartridge

cas *m* case; **en tout —** in any case, anyhow, however, nevertheless

casanier, –ière home-loving, stay-at-home, homebody

casque *m* helmet

cave *f* cellar

ce : c'est-à-dire that is (to say); **c'est que** it is because, it is that

céder to yield, give way, succumb

celle, celui the one (that, who)

celles, ceux the ones (that, who)

cendre *f* ash, cinder

cependant in the meantime, meanwhile; yet, still, however, nevertheless

cercueil *m* coffin

certains *m pl* certain people

cesse *f*: **sans —** unceasingly, incessantly

cesser to cease, stop

chacun each one

chagrin *m* sorrow, sadness; **avoir du —** to be sad, sorrowful

chaleur *f* heat

chaleureusement warmly

chance *f* (good) luck; **avoir de la —** to be lucky; **avoir la — de** to have the good fortune to

chant *m* song, air, melody, singing; **professeur de —** voice teacher, coach

chantant singing, sing-song

charbon *m* coal; **charbons ardents** live coals

charbonnier *m* coal dealer

charger to load; to charge with, entrust; to emphasize, exaggerate, overburden; **se — de** to take charge of, become responsible for

charlatan *m* quack

chasse-mouches *m* fly swatter; fly net; a kind of fan

chasser to expel, drive out, chase out; to hunt, pursue

chasseur *m* hunter

chatte *f* female cat

chaud warm, hot

chaussette *f* sock

chaussure *f* shoe

chauve bald

chef *m*: **— de gare** station master

chef-lieu *m* county seat, capital city

chemin *m*: **— de fer** railroad

cheminée *f* fireplace

chêne *m* oak tree

chéri dear, darling

chétif, –ve puny, pitiful

chez at the house (home) of; in the case of; where someone is concerned

chiffre *m* figure, number

choquant shocking

chou *m* cabbage; **mon petit —** (*fam*) darling

chuinter to hoot; to pronounce *sh* instead of *s*

chut hush

cinquantaine about fifty; in the fifties (*age or number*)

cirage *m* shoe-shining; polishing, waxing; **être dans le —** (*slang*) to be in the dark

circonstance *f* circumstance, event

circuler to get around, circulate

clair light; bright; clear

clairon *m* bugle

clandestinement clandestinely, in secret

claquer : faire — to click, cluck

clé, clef *f* key

cliché *m* trite or overused expression or idea

cliché

cochon *m* pig

cocu *m* cuckold

coeur *m* heart

coiffe *f* headdress

se coiffer to wear one's hair in a certain style; to wear on one's head

coiffure *f* style of arranging hair; coiffure; headdress

coin *m* corner

coing *m* quince; **tarte aux coings** quince pie

col *m* collar

colère *f* anger; **se mettre en —** to become angry

collet *m* collar, neck (*of person*)

comble *m* summit, height, top; (*fig*) highest pitch, last degree; **au — de** at the height of

comique *m* comedy, the comical

commandant *m* commander, commanding officer

commander to order

comme as, since; like; **— ...!** how ...!; **— il faut** proper, suitable

comment how; **—?** What? How is that?

commerce *m* business, trade

commis voyageur *m* traveling salesman

commode convenient

communauté *f* community; **— d'origine** common origin

comportement *m* behavior

comporter: se — to behave, conduct oneself

comprendre to understand; to include; **se faire —** to make oneself understood

compris, *pp* **comprendre** understood; including, comprising; comprised

compte *m* account; **tenir — de** to take into account; to consider

compter to count; to intend; to count upon

concevable imaginable, conceivable

conclure to conclude

concours *m* competitive examination

concurrence *f* competition

condition *f:* **à — de** on the condition that

confiance *f* confidence

confondre to confuse

confort *m* comfort

confus, *pp* **confondre** embarrassed

connaissances *f pl* knowledge

connu, *pp* **connaître** known

conseil *m* advice

conseiller to advise

conservé preserved

consonne *f* consonant

constater to observe, notice; to declare, state

constituant constituting

contemporain contemporary

contenu, *pp* **contenir** contained

contre against; **par —** on the other hand

controverse *f* controversy, dispute; discussion

convaincant convincing

convenable proper

convenablement correctly, decently

coq *m* rooster

corps *m* body

cortège *m* procession

côte *f* hill

côté *m* side; **à — de** beside, next to

cou *m* neck

couche *f:* **en avoir une —** (*fam*) to be stupid

coucou *m* cuckoo

coude *m* elbow

coulisse *f* theater wing, side-scene

couloir *m* corridor; hallway, lobby

coup *m* blow, stroke; **— de couteau** knife thrust; **— de marteau** hammer blow; **— d'oeil** glance, glimpse, look; **— de poing** blow with the fist, fisticuff; **— de sonnette** ringing of the doorbell; **— de théâtre** dramatic surprise; **— de vent** gust of wind; **du même —** at the same time

cour *f:* **faire la —** to court, woo

couramment fluently

courant present, current; ordinary, usual, everyday

courant *m:* **— d'air** draft

couronne *f* wreath

cours *m* lecture; course; **au — de** during, in the course of

couteau *m* knife; **— de poche** pocket knife, jack-knife

coûteux, –se costly, expensive

cracher to spit

craie *f* chalk

craindre to fear, be afraid of

crâne *m* skull

crâneur *m* (*fam*) braggart

cravate *f* tie

creux, –se hollow

crever to burst, break open

criard shrill

crier to exclaim, cry out

crise *f* crisis; **— de colère** temper tantrum

croissant growing, increasing, rising

cuire to cook

cuisinière *f* cook

cuit, *pp* cuire cooked

cul *m:* **— de marmite** bottom of a pot

culminant culminating; highest (point)

cultivé cultivated, cultured

curé *m* priest

D

de of, from; with; by; concerning, about

debout standing; **se tenir —** to stand, remain standing

début *m* beginning, start; **tout au —** at the very beginning

décédé dead, deceased

décéder to die, pass away

déceler to discover, detect; to disclose, indicate

décence *f* decency, propriety

déception *f* disappointment; deception

décès *m* decease, death, demise

décidément positively, definitely, decidedly

décider; se — to decide, to make up one's mind

décrire to describe

déçu, *pp* décevoir disappointed; deceived

dedans inside, within

déduire to deduce

déduire

défaire: se — to become undone, untied

défaut m defect, fault, flaw

défi m challenge

définitive: en — in a word, all things considered

déformé deformed, distorted

dégagé free, easy, bold, free and easy, unconstrained

dégager to define, distinguish

dégénéré degenerate

dégoûtant disgusting; nauseating; unpleasant

dégrader to degrade

dehors outside, outdoors

déjà already

déjeuner m lunch; **petit —** breakfast

délicieusement delightfully

demander to ask; **se —** to wonder

demeurer to remain, stay; to reside, dwell, live

démontrer to demonstrate

démordre to let go, give up, desist, yield

dénoncer to denounce, inform against

dent f tooth; **avoir mal aux dents** to have a toothache; **montrer ses dents** to bare one's teeth

dénué stripped, bare; devoid

dépêcher: se — to hurry, rush, hasten

déplacé out of place, improper

déplacement m displacement, transfer, shift

dépossédé dispossessed

dépourvu, pp **dépourvoir** deprived

dépression f: **— nerveuse** nervous breakdown

déraciné uprooted

déranger to disturb

déraper to skid; to sideslip

dernier, –ière last, final

dérouler: se — to unfold

derrière m behind; buttocks

dès since, from; **— que** as soon as

désaccord m disagreement

désagrégation f disintegration, decomposition, dissolution, breaking up

désemparé helpless; disconcerted

désespéré desperate

désinence f (grammatical) ending

désintégrer to disintegrate, decompose; to destroy

désobéissant disobedient

désolé sorry; grieved, disconsolate

dessiner to draw

destin m destiny, fate

destiné à intended for

détente f easing, calm, relaxation

détruire to destroy

deuil m mourning

deux m or f pl **les —** both

devant in front of, before

deviner to guess

dévoiler to unveil

devoir to owe; to be obliged to, have to; must, ought

dévoué devoted

différencier to differentiate, distinguish

dindon m male turkey; (slang) goose, fool

diplômé *m* graduate, qualified person

dire to say, tell; **c'est-à- —** that is (to say); **vouloir —** to mean

diriger: se — to head toward

discours *m* speech, discourse

disparaître to disappear

disparition *f* disappearance

disposition *f* disposal, service; disposition; arrangement

disproportion *f* disproportion, disparity

dispute *f* debate, controversy; quarrel, argument

disputer: se — to argue, dispute

distinctif, –ive distinctive, particular; characteristic

dit, *pp* **dire** said, told; called

doigt *m* finger

domaine *m* realm, domain, field

dommage *m:* **C'est —.** It's a shame. It's too bad.

don *m* gift, present

donc thus, so, then, therefore; **Venez —!** Do come!

donné: étant — que whereas, since, given that

dos *m* back

douane *f* customs

doucement gently, softly; slowly

doute *m:* **sans —** undoubtedly

droite *f* right side; **à —** to the right

drôle funny, peculiar, strange, curious; **— de famille!** (What a) curious family!

dur hard, harsh

durer to continue, last; to remain

eau-de-vie *f* brandy

échange *m* exchange

échapper: s'— to escape

échec *m* failure

échouer to fail

éclaircir to make clear, elucidate

éclatant thundering, piercing, loud

éclater to explode, burst; **— de rire** to burst out laughing

économe frugal

écrier: s'— to exclaim, cry out

écrouler: s'— to crumble, collapse, fall to pieces; to flop (in a chair)

édicté enacted, decreed

édredon *m* eiderdown, goose feather quilt

effet *m* effect; **en —** in fact, in reality; indeed, quite so

effleurer to graze, touch lightly

efforcer: s'— to endeavor, strain, strive

effronté shameless, impudent; (*slang*) saucy, sassy

également equally; also, too

élan *m* movement; rush, dash; outburst, impulse, impetus

élève *m or f* pupil

élever to bring up, raise; **s'—** to rise, be raised

éliminant eliminating

éloge *m* praise, eulogy

éloigné distant

éloigner: s'— to go away, withdraw

élucider to elucidate, clarify

embêter (*fam*) to annoy; to bore

emboucher to sound, blow; to put in one's mouth

emboucher

embrasser to kiss; to embrace

embrouiller to confuse, confound, perplex; **s'—** to get confused, fuddled, muddled

émerveillé dazzled, marvelling, amazed, astonished

emmerder: s'— (*vulgar*) to be bored

empêcher to prevent

empêtrer: s'— to become entangled, hampered; to become embarrassed

empirisme *m* empiricism, philosophy based on experience; practicality

emploi *m* use

employer to use, employ

emporter to carry off or away; **s'—** to flare up, fly into a passion

en in (a, the), on, at, by; to, into; some (of it, them); as (a); **où il — est** at the point where he is

enchaînement *m* sequence

enchanté delighted

encore still, yet; again; **— une fois** once again

énervement *m* nervous tension, impatience

énerver to enervate, unnerve; **s'—** to get nervous or exasperated

enfance *f* childhood

enfantin childish

enfin finally, at last, after all; in short

enfuir: s'— to flee

engendrer to engender, generate

enlever to take away, remove

enrhumé: être — to have a cold

enrhumer: s'— to catch a cold

ensemble together, at the same time

ensuite then, afterward

entassé heaped, piled up

entendre to hear; to mean; to understand; **s'—** to understand one another, get along

entendu agreed; **bien —** of course

enterrement *m* burial, funeral; funeral procession

enterrer to bury

entêté stubborn

entier –ière whole, entire

entourer to surround

entrain *m* spirit, gusto, pep

entraînant carrying, dragging, drawing (along)

entre among, between

entrouvrir: s'— to open a little, be ajar

énumérer to list, enumerate

environ about, approximately, nearly

environnant surrounding

environs *m pl* surroundings, surrounding area; **aux — de** in the vicinity of

envol *m* flight

envoûté enchanted, under a spell

épaule *f* shoulder

épicier *m* grocer

éponger to sponge **s'— le front** to mop one's brow

époque *f* epoch, time, period

épouse *f* spouse, wife

épouser to marry

épouvantablement frightfully, terribly

époux *m pl* married couple

éprendre: s'— de to fall in love with

épuisé exhausted, drained

éroder to erode

espèce *f* species; sort, kind; **— de . . .!** You . . .!

esprit *m* wit; spirit; mind, intelligence

esquissé outlined, sketched (out)

essoufflé out of breath, breathless

essuyer to wipe

estomac *m* stomach

étaler to display, show (off)

étant : — donné que whereas, since, given that

état *m* state

état-civil *m* vital statistics (*birth, marriage, death*)

éteindre to extinguish, put out the lights; **s'—** to be extinguished, go out

éteint, *pp* **éteindre** dull, dim, lusterless; extinguished, extinct; **d'une voix éteinte** in a scarcely audible voice

étonnant astonishing, surprising

étonné surprised

étrange strange, curious

étranger *m* foreigner; stranger; abroad

être *m* being, creature

être : — en train de + *inf* to be in the act of, process of + *pres part*; **en — à** to be at a particular point or stage

Euh! Aha! Oh! Hum!

événement *m* event

évêque *m* bishop

évidemment obviously, evidently

éviter to avoid, shun

évoquer to evoke, call to mind, recall

exact true, accurate, correct

exclu, *pp* **exclure** excluded, barred, shut out

excuse *f* apology, excuse

excuser : s'— to apologize

expérience *f* experiment; experience; **faire l'—** to test; to make an experiment

expérimenté experienced

explicable explicable, explainable

explication *f* explanation

exprès on purpose

expression *f :* **— toute faite** cliché, stereotyped expression

exprimer to express

exquis exquisite, delightful

extasié in ecstasy

F

fabricant *m* manufacturer, maker

face *f* face, front; **en — (de)** opposite; **— au public** facing the public

fâché angry; sorry

fâcher : se — to become angry

façon *f* way, manner; **de toute —, de toutes façons** in any event, at any rate

faible weak, feeble, frail

faire to make; to do; **— attendre quelqu'un** to keep someone waiting; **— bien de** + *inf* to do well to; **— claquer** to click, cluck; **— comprendre à quelqu'un** to make someone understand; **— cuire quelque chose** to have something cooked; **— de son mieux** to do one's best; **— dodo** (*infantile*) to go to sleep, to bed; **— entrer quelqu'un** to have

faire   xiii someone enter; **— éteindre quelque chose** to have something put out; **— la cour** to court, woo; **— l'expérience** to test, make an experiment; **— opérer quelqu'un** to have someone operated upon; **— part** to announce, inform; **— semblant** to pretend; **— sortir quelque chose** to bring something out; **n'avoir que —** to be in no way interested, not to need; **s'en —** to worry; **se —** to happen; **se — comprendre, entendre** to make oneself understood; **se — opérer** to be operated on

fait _m_ fact; **au —** in fact; let's get down to business; by the way; **tout(e) fait(e)** ready-made, cut and dry

fameux, –se famous; (_slang_) terrific

familial pertaining to the family, domestic

fantaisiste whimsical, fantastic

farci stuffed

farder: se — to put on makeup

fatras _m_ jumble, hodgepodge

fauteuil _m_ armchair

faux, –sse false, untrue; wrong

fayot _m_ string or kidney bean; (_school slang_) grind

félicitations _f pl_ congratulations

féliciter to congratulate

fer _m:_ **chemin de —** railroad

feu _m_ fire

feuillage _m_ foliage, leaves

feuilleter to leaf through

ficher : se — de not to care about, not to give a damn about

fier: se — à to trust

figure _f_ face

figuré figurative

filet _m_ net; baggage rack

fillette _f_ little girl

fils _m:_ **— naturel** illegitimate son

finir: — par + _inf_ to end by + _pres part_

fixement fixedly

fixer to fix, fasten; (_fam_) to stare at

flair _m_ flair, discernment; keen nose

fluet, –te thin

foi _f_ faith

foie _m_ liver

fois _f_ time, instance; **à la —** simultaneously, at the same time; **encore une —** once again

folklorique pertaining to folklore

fond _m_ depth; content; **au —** really, actually; basically; **au — de** at the end of, at the back of

fondé based, founded; justified; authorized

fonder to found

formidable (_slang_) terrific; marvelous; formidable

fort stout, husky, buxom; loud; strong; adept, able, clever; **C'est trop —!** That's too much! That's going too far! **C'est assez —.** That's quite impressive.

fortuné rich; fortunate

foule _f_ crowd

fourré stuffed

fracasser to break (to pieces), shatter

frais fresh; cool

fraisier _m_ strawberry plant

franchement frankly, openly, sincerely, without hesitation

frappant striking

frapper to strike, hit, knock

frayeur *f* fright, scare

frémir to shudder

frère *m* : — **de lait** foster brother

froisser : se — to become bruised, crumpled, rumpled

fromage *m* cheese

front *m* forehead, brow; impudence

frontispice *m* frontispiece, title page

frotter : se — to rub

fumée *f* smoke

fumer to smoke

fur *m* : **au** — **et à mesure** progressively, gradually

G

gai merry

Gare à toi (vous)! Beware! Be careful!

gauche *f* : **à** — on the left; **la porte de** — the door on the left

gêne *f* discomfort, embarrassment, distress

gêné embarrassed, disturbed, troubled

gêner to inconvenience, embarrass; to hinder, thwart, trouble

genou *m* knee

genre *m* kind, sort

gens *m or f (A preceding adjective takes the feminine form, though the word itself is usually masculine.)* people, persons, folk

gentiment nicely, prettily, gracefully

gerbe *f* sheaf; spray

germain first (cousin)

geste *m* gesture; act

gifler to slap (in the face)

glace *f* mirror; ice

glacial icy

glouglouteur *m* gobbler; *(slang)* boozer

gorge *f* throat, breast

gosse *m or f (slang)* kid

gouffre *m* gulf, abyss; whirlpool

gourmandise *f* gluttony, greediness

goût *m* taste

grâce *f* : — **à** thanks to

gracieux, –se gracious; graciously

grand–chose : pas — not much

grandeur *f* size, magnitude

grange *f* barn

grasseyer to roll one's *rs*

grave serious, grave

grenier *m* attic, loft

griffer to claw, scratch

grimaçant grimacing; grinning

grincer : — **des dents** to gnash, grit the teeth

grossier, –ière coarse, crude, rude; vulgar

guêpier *m* wasps' nest

guérir to heal, cure

H

habit *m* : — **de gala** full dress, formal dress

habitude *f* : **d'**— usually

habitué used to, accustomed to

haletant breathless, panting

hanche *f* hip

hanche

hardi bold, daring; rash, forward, impudent

haricot *m* string bean

harpe *f* harp

hasard *m*: **par —** by chance, accidentally

hâter: se — to hurry, make haste

hausser to shrug (one's shoulders); to raise, lift

haut high; loud

hébété dazed, stupid

helvétique Swiss

heure *f* hour; o'clock; **de bonne —** early; **à vos heures** when you feel like it, when it suits you

heureusement fortunately, luckily, happily

heurter to knock against, bump into; to clash, collide

hocher to shake, toss, wag (tail, etc.); to nod

honte *f*: **avoir —** to be ashamed

hors de out of, outside of; beyond, past; **— — lui** beside himself

hospitalier, –ière hospitable

hôte *m* host; guest

huile *f* oil

humour *m* humor

hurler to cry out, yell, howl, roar

I

il: — y a deux ans two years ago; **— y a deux heures que vous êtes à la porte** you have been at the door for two hours

immeuble *m* (apartment) building

impitoyablement pitilessly, mercilessly

impliquer to imply; to implicate, involve

importer: il importe it is important

imprimer to print, imprint

improprement improperly, incorrectly

impudique immodest, indecent

inanimé inanimate

inattendu unexpected

incendie *m* fire

incessant incessant, ceaseless, unremitting

incompris misunderstood

incongru incongruous; improper, unseemly

inconvénient *m* objection; drawback, disadvantage

incroyable incredible, unbelievable

indication *f*: **— scénique** stage direction

indicible inexpressible, unspeakable

indigène indigenous, native

ineffable ineffable, inexpressible, unutterable

inexistant non-existent

inexprimable inexpressible

inintelligiblement unintelligibly

ininterrompu uninterrupted

injure *f* insult

inondation *f* flood

inquiétant worrisome, disturbing, disquieting

inquiéter: s'— to worry

insensibilisé desensitized, made insensitive

insensiblement gradually, by degrees, imperceptibly

institutrice *f* woman schoolteacher

instruire : s'— to improve one's mind

instruit, *pp* **instruire** educated

intensifié intensified

intégrer to integrate

intérêt *m* interest; **avoir — à** to benefit from

intérieur internal, interior; *m :* **à l'— de** within, inside

intime close, intimate

intituler : s'— to be entitled

intrépide intrepid; persistent

inutile useless, futile

inverse *m* inverse; **faire l'— de** to do the opposite of

invité *m* guest

Irlande *f* Ireland

irréprochable irreproachable, faultless

J

jambe *f* leg

jeter to throw; **— un regard** to cast a glance

jeu *m* game; **— de mots** pun, play on words

jouer to act, perform, play; **se —** to be played, performed; **se — de quelqu'un** to make a fool of someone, trifle with someone

journée *f* day

joyeux, –se joyful, cheerful

jumelle *f* twin sister

jurer to swear

jusqu'à until; up to; as far as; **jusqu'ici** until now

juste just, righteous; exact, so; correct

justement just; justly; exactly; as it happens

K

kakatoès *m* cockatoo

L

là there, here; that; then

labial labial

lacet *m* shoelace

lâcher to loosen; to let go; release; to turn loose

là-dessus thereupon, on it, on that

laitier *m* milkman, dairyman

lampe *f* **s'en mettre plein la —** (*slang*) to gorge oneself, stuff oneself

langage *m* language, speech

langoureux, –se langorous

langue *f* tongue; language; speech

lapin *m* rabbit

lard *m* bacon

lascif, –ve lascivious, lewd

lécher : se — to lick

lecteur *m* reader

lectrice *f* reader

lecture *f* reading

léger, –ère light, slight

légèrement slightly, lightly

légume *m* vegetable

lentement slowly

lequel, laquelle what, which, who, whom

lever *m :* **— du rideau** curtain rising

lèvre *f* lip

lier to connect; to tie, bind; **se —** to be connected

lieu *m :* — **commun** commonplace, platitude; **au — de** instead of

ligne *f* line; telephone line

lit *m* bed

livrer to deliver, hand over; to surrender; to betray

logement *m* lodging, lodgings, housing

lointain *m* distance

longuement for a long while

lorgnon *m* pince-nez; lorgnette

lorsque when

lubrique lewd, lascivious, wanton

luette *f* uvula, fleshy lobe of the palate

lueur *f* glimmer, gleam; flash, blink

lumière *f* light

lumineux, –se brilliant, luminous

lunettes *f pl* eyeglasses, spectacles

lutte *f* struggle

M

magistral masterly, authoritative, magisterial

maigre lean (of profit); thin, meager

main *f* hand

maintien *m* maintenance; bearing

maire *m* mayor

mairie *f* town hall, city hall

maître *m* master; — **d'école** *m* schoolmaster, schoolteacher

majeur of legal age; major

mal *m* evil, harm; **avoir du — à** to have a hard time, to have difficulty; **il n'y a aucun —** there is no harm; **— à propos** inappropriate, inappropriately; **se donner le —**

de + inf to go to the trouble to + *verb*

malade ill, sick

malade *m or f* patient

maladie *f* disease; sickness; — **de coeur** heart trouble

maladif, –ive sickly, morbid

malentendu *m* misunderstanding

malgré in spite of; — **que** in spite of the fact that, although

malheur *m* misfortune; bad luck; unhappiness

malheureusement unfortunately

malicieusement maliciously, mischievously

maman *f* mother, mommy

manifester to manifest; to demonstrate; **se —** to be revealed, demonstrated

manquer to miss; to lack; — **à** to be missed; — **à faire** to fail to do; — **de + inf** to nearly + *verb;* almost to + *verb*

marchand *m* merchant

marche *f* step, stair

marché *m* market

marcher to walk

mariée *f* bride

marier to marry off; **se — avec** to get married to, marry

marin *m* sailor

marine *f* navy

marmite *f* pot, pan

marqué noticeable

marteau *m* hammer

maternelle *f* nursery school; — **supérieure** (*jocular*) advanced nursery school

méchant wicked, mean

mécontent displeased, dissatisfied

médecin *m* doctor, physician

mêler to mix; to tangle; **se — de** to meddle with, interfere with

médicament *m* medicine, medication

mélopée *f* chanting, singsong

même even; very; itself, incarnate; **quand —** even though, just the same, all the same; **— pas** not even; **tout de —** nevertheless

ménage *m* married couple, family; household

ménagère *f* housekeeper, housewife

mensonge *m* lie

menteur *m* liar

menton *m* chin

méphistophélique diabolical

méprendre: se — to be mistaken

merde *f:* **— alors!** Damn it!

mériter to deserve

mesure *f* step, measure; **dans la — de** insofar as

mesuré moderate; measured

métier *m* job, craft, trade

métro *m* subway

métropole *f* metropolis

metteur en scène *m* director, producer

mettre to put, lay, place; **— d'accord** to reconcile; **— en doute** to call into question; **se — à + *inf*** to begin to + *verb*; **se — en colère** to become angry

meunier *m* miller

meurtrier *m* murderer

miel *m* honey

mieux better; **faire de son —** to do one's best

mignon, –ne cute; darling

milliard *m* billion

mineur minor

mise en scène *f* staging

mode *f* fashion; **à la —** in style, fashionable; **à la — de** in the manner of, in the style of

moindre least; slightest; **la — des choses** the easiest thing

moins without; less; **— de** less than; **à — que** unless; **au —** at the least; **de — en —** less and less

moment *m* moment; **à ce moment–là** at that time

montrer to show, display

moquer: se — de to make fun of, mock, laugh at

morceau *m* piece, bit

mort *m* dead person, corpse

mot *m* word; **jeu de mots** play on words; pun; **sans — dire** without a word

mou, mol, molle soft, limp

mouche *f* fly

moucher: se — to blow one's nose

moulin *m* mill

mouton *m* sheep

moyen *m* means, way; average; **au — de** by means of

mufle *m* fathead, cad

multiplier to multiply; **se — to** be multiplied

N

naissance *f* birth

naître to be born

naturalisé naturalized citizen

ne: — ... aucun   not one; not any;
— ... jamais   never;   — ... ni
... ni   neither ... nor;
— ... personne   nobody, no one;
— ... plus   no more, nothing more;
— ... que   only, nothing but;
— ... rien   nothing
néfaste   ill-starred, unlucky
nettement   clearly, distinctly
nez *m*   nose
nier   to deny
niveau *m*   level
noces *f pl*   wedding;   cadeau de —
wedding gift;   en secondes —   in
a second marriage
nom *m*   name;   — propre   proper
name
nombre *m*   number;   — de
numerous, many
nombreux, –se   numerous, many
non plus   either, neither
non–sens *m*   absurdity, nonsense
nouer   to tie, knot
nourriture *f*   food, nourishment
nouveau, nouvel, –lle   new;   de
nouveau   again, anew
nouveau–né *m*   new-born
nuancé   tinged, suggestive of some
quality or characteristic
nullement   not at all
numération *f*   numeration

O

occlusif, –ve   occlusive, closed,
obstructed
occuper: s'— de   to be occupied
with; to take care of, handle

oeil *m*   eye; yeux *pl*   eyes
oeuvre *f*   (artistic) work
offenser   to offend
oie *f*   goose
oiseau *m*   bird
ongle *m*   fingernail;   sur le bout
des ongles   at one's fingertips
orage *m*   storm
ordonné   ordered, in order, orderly
oreille *f*   ear
original *m*   queer person, character,
odd one
oser   to dare
ou ... ou   either ... or
outre   in addition to, beyond;   en —
moreover, besides
outré   overdone, exaggerated;
exasperated

P

paille *f*   straw
palais *m*   palace; palate
pantalon *m*   pants, trousers
pantoufle *m*   slipper
pape *m*   pope
papillon *m*   butterfly
par   by; through; out of;   — deux
fois   twice;   — la suite   sub-
sequently;   — terre   on the floor,
ground
par-ci, par-là   this way, that way
paraître   to appear, seem
pareil, –le   similar, like, alike;
faire pareil   to do the same
parent *m*   relative, parent;   être —
de   to be related to
parfois   at times, sometimes

parmi among

parole _f_ word; speech; promise

part _f_ part, share; **autre —** elsewhere; **d'autre —** moreover;
quelque — somewhere

partager to share

partie _f_ part

partout everywhere

parvenir à to succeed in

pas _m_ step

passage _m_ transition, passing through

passer to pass, go; to elapse, pass
away; to be accepted, received;
— son doctorat to take one's
doctoral exams; **se —** to happen

pâteux, -se pasty, clammy; sticky;
thick; dull, heavy (of style)

patte _f_ paw; foot (of bird, other
than bird of prey); leg (of insect)

pays _m_ country

pêcher to fish

pêcheur _m_ fisher, angler, fisherman;
— à la ligne angler

peigne _m_ comb

peine _f_ pain, trouble, difficulty;
avoir de la — à + _inf_ to have
difficulty in + _pres part_ **ce n'est
pas la —** it is not worthwhile; it
is not worth the trouble; **faire de
la — à quelqu'un** to hurt
someone

pêle-mêle pell-mell _m_ jumble

penché bent over, stooped

pendre to hang

pénible painful, hard

penser (à) to think (about); to
intend

pensionnat _m_ boarding school

pépin _m_ seed, pip

percevoir to perceive

périr to perish

permettre : se — to take the liberty
of

pérorer to give a speech; hold forth,
harangue

personnage _m_ character (in fiction)

petit _m_ young one; kitten; pup; cub;
petit-cousin _m_ second cousin;
petit-fils _m_ grandson; **petite-
fille** _f_ granddaughter

peu, _m_ bit, little; **à — près** nearly,
almost, practically; **si — de chose**
so little

peut-être perhaps, maybe

philologie _f_ philology

phonème _m_ phoneme

pièce _f_ room; play

pied _m_ foot

pilé ground, crushed; broken

pincer to pinch; **se faire —**
(_slang_) to get arrested

pire _m_ worst

pis : Tant —! Too bad! So much the
worse!

place _f_ seat

plafond _m_ ceiling

plaindre : se — to complain

plaire à to please

plaisanterie _f_ joke

plaisir _m_ pleasure; **faire — à** to
please

plancher _m_ floor

plateau _m_ stage; platform

plein full; **en — front** right in
the middle of his forehead

pleurer to weep, cry

pleurnicher to whimper, whine

plupart _f_ most

plupart   **xxi**

plus more; **de —** more, moreover, besides; **de — en —** more and more, increasingly; **ne ... —** no longer, not any more; **non —** neither; **— à mon âge** not at my age; **— de** more (than); no more **qui — est** moreover; **une fois de —** once more, once again

plus *m* most; **au — tard** at the latest

plusieurs several

plutôt rather

poignet *m* wrist

poing *m* fist

point *m* point, dot, period; **mettre les points sur les i** to dot one's *i*s; to be very punctilious

pointe *f* point; quip; witty phrase; **sur la — des pieds** on tiptoe

poireau *m* leek

policier, –ière detective

politique political; prudent, wise

polycandre *m* seahorse

polytechnicien *m* student or graduate of the *École polytechnique*

polytechnique: École polytechnique famous technical school in Paris

pomme: — de terre *f* potato

pompe *f* ceremony; **— funèbre** funeral

pompier *m* fireman

pondre to lay (an egg)

porte *f:* **— d'entrée** main entrance

pot *m:* **— de chambre** chamber pot

poudre *f* powder

poule *f* hen; chicken

poulet *m* chicken

poumon *m* lung

pourtant yet, however

pourvu que provided that

poussé pushed, shoved

pousser to push, advance

pouvoir to be able to; **il se peut que** it may be that; **ils n'en peuvent plus** they can go no further

pratique *f* practice

précédent preceding

précis precise

préciser to specify; to be precise

prendre to take; to have (to eat); **— feu** to catch fire; **— un air** to assume an attitude; **Pour qui se prend-elle?** Who does she think she is? **s'y —** to manage, to go about doing

près near; **de —** closely

présenter to present, introduce

presque almost

pressé rushed, hurried; **être —** to be in a hurry

presser: se — to hurry, rush

prétendre to claim

prêtre *m* priest

preuve *f* proof, evidence

prévenir to tell, notify, warn

prier to beg; **Je vous en prie.** Please. I beg of you.

prime *f* principal

principal *m* main thing

pris, *pp* prendre taken; **— de** seized, taken with

procédé *m* process, operation, method

procéder to proceed

prochain following, next

produire produce; **se —** to happen, occur

profiter to benefit, profit

profond deep

propos: à — by the way; pertinent, to the purpose, timely, fitting; **avant —** foreword; **mal à —** ill-timed; inappropriate

proposer to propose; to recommend; to nominate; **se —** to intend to; to propose; to aim

propre proper; clean; **nom —** *m* proper name

proprement properly; **à — parler** to be exact; properly speaking

propriétaire *m* proprietor, owner

protéger to protect

provenir de to come from

prune *f* plum

public *m* audience

puce *f* flea

pudeur *f* modesty, reserve

puis then, next; besides

puisque since; seeing that

puissant powerful

Q

quand when; how soon; **— même** though, just the same; even if

quant à as for, as to

quartier–maître *m* quartermaster

quelque some, any; **— part** somewhere

quelques–uns, –unes several, some

querelle *f* quarrel, dispute; **— familière** family quarrel

queue *f* tail

R

raccommoder to darn; to mend; to patch

racine *f* root

raconter to tell, narrate, relate; to describe

raison *f* reason, reasoning; **à plus forte —** all the more reason

raisonnement *m* reasoning; argument

ralentir to slow down

ramasser to gather; to pick up

rance rancid

rappeler: se — to remember, recall

rapport *m* connection, reference, relation; relationship; rapport

rapporter: se — à to be related to; to refer to

rapproché close; **plus — de** closer to

rareté *f* rarity

rayon *m* shelf; ray

réagir to react

réchauffer to warm up

reconnaissance *f* recognition; gratitude

recours *m* recourse

reculons: à — backwards

réduit reduced

référer: se — à to refer to

réfléchir to think, reflect

refouler: se — to become repressed

regard *m* look, glance

regarder to look; **Ça ne vous regarde pas.** That does not concern you.

règle *f* rule

régner to reign, rule

regrettant regretfully

rein *m* kidney

réitéré reiterated, repeated

relever to pick up, lift up; **se —** to rise; to pick oneself up; to recover

remercier to thank

remettre to put back; to give back; to postpone

remplacer to replace

remplir to fill

remuer to move, stir

renard *m* fox

rencontrer to meet

rendement *m* yield, output

rendre to grant, discern, bestow; **— service à quelqu'un** to do someone a service; **se — malade** to make oneself ill; to become ill

renforcer to reinforce

renifler to sniff

renversement *m* reversal, shift; upset, overturn; overthrow

répéter to repeat; to review, rehearse; **se —** to be repeated

réplique *f* reply, retort

reprendre to take back; to resume; **se —** to catch oneself; to recover oneself

représentation *f* performance

réprimer to repress, suppress

ressemblance *f* resemblance

ressembler à to resemble, look like

ressentir: se — de to feel the effects of; to feel the after-effects of

ressortir à to fall under the head of; to come under the jurisdiction of

ressusciter to resuscitate, resurrect, revive

reste *m* remainder, rest; **du —** moreover

rester to stay, remain; **il me reste quelque chose** I have something left

résumer to summarize, recapitulate

retard: en — late

retenir: se — to refrain from; to control oneself; to hold oneself back

retirer to take off, withdraw

retour *m* return

retourner: se — to turn around

retrouver to find again, rediscover; **se —** to meet (again)

réussir à to succeed in

rêve *m* dream

réveiller: se — to wake up

revêtir to assume; to put on; to clothe

rhume *m* cold

rideau *m* curtain; **au lever du —** as the curtain rises

rien nothing; **— du tout** nothing at all

rigueur: à la — as a last resort; to the letter

rime *f* rhyme

rire *m* laughter; **pour —** for fun, in jest

rôti roast

rougeaud reddish, ruddy

roussi burnt, scorched, singed

ruban *m* ribbon

rubrique *f* heading

rumeur *f* rumor; hum (of voices); roar (of the sea)

rusé shrewd

rythme *m* rhythm

saccadé jerky

sage-femme *f* midwife

sain healthy

saisir to seize, grasp

saisissable distinguishable; seizable

salaud *m* (*vulgar*) scoundrel

salé salty

salope *f* slut

salut *m* greeting

sangloter to sob

sauf except, save

saugrenu absurd, silly, ridiculous

sauter to jump, leap

savant scholarly, learned;
m scientist, scholar

savoir *m* learning, knowledge

scatologique scatological, pre-
occupied with excrement

scène *f* stage; scene; theater;
entrer en — to come on stage; **mise
en — ** *f* staging; production

séduit seduced, charmed, bewitched

sein *m* breast

sel *m* salt; wit, pep, pungency

selon according to

sembler to seem

sens *m* sense; meaning, import;
senses, feelings; wit, intelligence;
interpretation; construction;
— figuré figurative meaning;
— littéral literal meaning

sensiblement appreciably; percep-
tibly, noticeably; obviously, visibly;
considerably; keenly

sentir to smell; to feel

serpent *m* snake, serpent

serrer to clasp, shake; to press,
squeeze; **— la main à** to shake
hands with

serviette *f* briefcase; napkin

servir : — à to be used for; to be
good for; **— de** to serve as,
function as; **se — de** to use; to
make use of

serviteur *m* servant

seul alone, lonely; single, sole, only
(*when standing before a noun*); **tout
seuls** all by themselves

seulement but, only

siffler to whistle; to hiss; to whiz

signaler to point out, signal

signification *f* meaning, significance

simultané simultaneous

singulier singular, peculiar; odd,
curious, strange

sobre sober; moderate; simple,
without ornamentation

soi : chez — in one's home, in one's
house

soigné carefully done; polished
(speech); well groomed, trim

soigner to take care of, look after; to
attend to, nurse

soin *m* care, attention

soirée *f* evening

soit so be it, well and good, agreed,
granted; take for instance, suppose,
(let us) say

solennel, –le solemn

sommaire cursory, hasty

somme *f* sum; **en —** in short;
—toute when all is said and done;
finally, on the whole

somptueux, –se sumptuous

son *m* sound

sonner to ring, strike

sonnerie *f* ring, ringing (of bell); bells, chimes; striking (of a clock)

sonnette *f* doorbell

sonore resounding, sonorous

sonorité *f* resonance

sort *m* fate, destiny; lot, stage; condition, fortune

sortie *f* exit, way out; going out, coming out; **à la — de** on leaving; at the exit

sortir *tr* to take out; *intr* to go out, come out

sot, –te stupid, silly, foolish; ridiculous, absurd

sottise *f* nonsense, silly thing; silliness, foolishness, folly

soubresaut *m* sudden start; jerk; jolt; palpitation

souci *m* care, solicitude, anxiety; **se faire des soucis** to worry

soudain sudden, unexpected

souffrir to suffer; to bear, endure; to undergo, sustain; to stand, tolerate

soulier *m* shoe

souligner to emphasize, stress; to underscore, underline

soupape *f* valve; plug

sourcil *m* eyebrow, brow

sourd deaf; (*fig*) dull; insensible; hollow; rumbling; muffled

sourire to smile

sournoisement cunningly, on the sly, stealthily

sous-titre *m* subtitle

soustraire to subtract; to withdraw, remove, take away

souvenir *m* recollection, memory, remembrance; **se — de** to remember

spirituel, –le witty

strident strident, jarring, grating, shrill

stupéfait stupefied, dumbfounded, thunderstruck

succédant following

succomber to succumb, yield; to die, perish

sucre *m* sugar

suffire to suffice; **Cela suffit.** That's enough.

suggérer to suggest

suite *f* continuation, consistency, coherence; **à la — de** after; following; **par la —** later on; **tout de —** immediately

suivant following

suivre to follow; **— quelqu'un du regard** to follow someone with one's eyes

supplier to beseech, implore, supplicate, beg

supposer to suppose, conjecture; to imply, grant, admit

supprimer to suppress, cancel, abolish; to cut out, omit

sûr sure, certain; **bien —** of course, certainly

surgir to spring up, arise, appear

surprenant surprising

sursauter to give a jump, start, jerk

surtout especially, particularly

survivre to outlive, survive

T

tableau *m* board; **— noir** blackboard, chalk board

tablier *m* apron

tâcher de to try to

taille *f* waist

se taire to be quiet, be still; **Tais-toi.** Be still. Shut up.

tandis que while, whereas

tant: — **pis** too bad, so much the worse; — **que** as long as

tantôt presently, by and by, soon, in a little while; a little while ago; **tantôt ... tantôt** sometimes ... sometimes

taper: — **des pieds** to stamp one's feet

tard late; **au plus** — at the latest

tarte *f* pie

tas *m* heap, pile

tel que, telle que such as

tellement so (much)

temps *m* weather; time; **à** — on time; **de** — **en** — from time to time; **en même** — at the same time

tendre to hold out; to reach out

tenir to hold; to keep; — **à** to insist upon; to care for; to value; to be caused by; **Tiens! Tenez!** Say! Well! Hey! See here. Look here; **se** — to hold oneself; **se** — **debout** to remain standing

terminer to terminate, end; **se** — to be ended, be terminated

terre *f* earth; ground; land; **par** — on the floor

têtu stubborn

théâtral theatrical

timbré ringing (voice)

tirer to draw, pull; to take out;

se — **de** to pull through; to get out of

tiroir *m* drawer

toit *m* roof

tombeau *m* tomb

tordre to twist

touche *f* touch; key (of piano or typewriter); fingerboard (of violin)

toujours still; always

tour *m* turn; **à mon** — in my turn, in turn; **jouer un** — to play a trick

toussoter to cough slightly

tout all; any; every; very; **du** — not at all; **pas du** — not at all; **rien du** — nothing at all; — **à fait** entirely, altogether; — **à l'heure** a little while ago; in a little while; — **au début** at the very beginning; — **autre** any other; — **comme** just as if; — **de même** however; all the same; — **de suite** immediately, at once; — **d'un coup** suddenly; — **le monde** every one, everybody; — **spécialement** in particular

tous: — **les deux** *m pl* both

traduction *f* translation

traduire to translate

train *m* pace, speed; manner, way; train; **être en** — **de** + *inf* to be in the act of + *pres part*

traînant drawling; trailing; languid

trait *m* feature, trait

tranquille quiet, tranquil; untroubled

tranquillement quietly, calmly

traverser to cross, go across, cut across, span

tremblotant quivering, quavering
tripe *f* tripe; guts; intestine
tripes à la mode de Caen *f pl*
  braised tripe and onions
trompe *f* horn; trunk
tromper: se — de to be mistaken
  about
trop too (much)
trouver: se — to be (located)
tuer to kill

U

ultime final
l'un (l'une) l'autre one another
uniquement solely
unité *f* unity; unit
usage *m* usage; custom; use
utilisé used, utilized

V

vache *f* cow
vague *f* wave
vaisseau *m* ship; vessel, receptacle
vaisselle *f* dishes
valeur *f* value, worth, merit
valoir to equal; to merit, deserve
vase *m* vase, vessel
veau *m* calf
vécu, *pp* **vivre** true to life
venir de + *inf* to have just + *verb*
ventre *m* stomach, belly
vérité *f* truth
verre *m* glass; **— pilé** broken glass
vers towards; about (time)
vers *m pl* verse; line of poetry

verser to pour
vestale *f* Vestal (virgin)
vêtement *m* garment
vêtements *m pl* clothes, clothing
vêtu, *pp* **vêtir** dressed
veuve *f* widow
vexer: se — to be vexed, annoyed
vibrer to vibrate
vicaire *m* vicar
vicieux, –se vicious
vide empty; blank; vacant; *m*
  emptiness, void, vacuum
vidé emptied; exhausted, played out
vieillesse *f* old age
vieux, vieil old; **vieux** *m* old man
vif, vive lively, quick; bright;
  intense
vigne *f* vine, vineyard
vilain nasty, naughty; *m* naughty
  person
vin *m* wine
vis–à–vis facing, opposite
viser to stare at; to aim at
vite quickly; fast, swift
vitrier *m* glazier
vivant alive; lively
voie *f* path, road; direction
voilà there is, there are; **en — une
  histoire!** What an idea! What a
  thought!
voir: Cela se voit. That is evident.
voisin neighboring; adjoining;
  — de near; *m* neighbor
voix *f* voice; **à haute —** aloud, in
  a loud voice
vol *m* flight; **au —** in flight
voler to steal; to fly
volontaire willful, headstrong
volonté *f* will

voltiger   to flit about; to flutter

vouloir: — bien   to be glad to, be willing to; to be kind enough to;
— dire   to mean

voyant   loud, conspicuous, gaudy

vraiment   truly; really

vu, *pp* **voir**   seen; regarded

vue *f:* **avoir quelqu'un en —** to have someone in mind

W

wagon *m*   car, coach, train

Y

yaourt *m*   yogurt

yeux *m pl of* **oeil**   eyes

Z

Zut alors!   Heck! Hang it all!

Zut alors!